读《孙子兵法》
悟管理智慧

朱坤福◎著

中国商业出版社

图书在版编目（CIP）数据

读《孙子兵法》 悟管理智慧 / 朱坤福著. —北京：中国商业出版社，2024.5
ISBN 978-7-5208-2910-6

Ⅰ.①读… Ⅱ.①朱… Ⅲ.①《孙子兵法》—研究②企业管理 Ⅳ.①E892.25②F272

中国国家版本馆 CIP 数据核字（2024）第 096026 号

责任编辑：管明林

中国商业出版社出版发行
（www.zgsycb.com 100053 北京广安门内报国寺 1 号）
总编室：010-63180647 编辑室：010-83114579
发行部：010-83120835/8286
新华书店经销
山东蓝彩天下教育科技有限公司印刷
*
880 毫米×1230 毫米 32 开 9 印张 197 千字
2024 年 5 月第 1 版 2024 年 5 月第 1 次印刷
定价：69.00 元
* * * *
（如有印装质量问题可更换）

前言
Preface

　　《孙子兵法》是中国古代兵书的奠基之作，其军事思想对中国历代政治家、军事家及军理论家产生了深远的影响。

　　历史上曾有过不少谈论"兵法"的书籍，但大多灰飞烟灭，唯有《孙子兵法》历久不衰，世代被中外一些大政治家、军事家、战略家、哲学家和企业家推崇，尊为兵经之首、兵法圣典。早在1000多年前，日本就有人把《孙子兵法》带回本土加以应用。现在，日、法、英、美、俄、德等国均有译本，国外对《孙子兵法》的评述也很多。

　　进入新时期以来，日本、美国等发达国家以及新加坡等新兴工业化国家和地区，再一次掀起了研究中国古代军事著作的热潮。他们把《孙子兵法》奉为"商业天条""外交必读"。其实，《孙子兵法》早已超出了军事范畴，适应了日益激烈的现代社会竞争的选择，渗透进社会生活的各个领域：军事家们从中看到战略的艺术，政治家们从中看到为政的策略，企业家们从中看到盈利的方法……我们的世界与孙武所处的世界，虽已是天差地别，但人性的根本未变，智慧的本真未变。穿过孙武笔下的硝烟，我们同样可以发现有益于人生的恒久智慧蕴藏其间。

　　纵观现在的国际、国内形势，我们有不可多得的历史机遇，也面临着严峻的挑战。在日趋激烈的国际市场竞争和国内市场竞争中，在瞬息万变的现代社会生活的竞技场上，在美好的前景与错综复杂的危机并存的人生历程上，我们必须总结历史经验，汲取前人的智慧，并结合当代的实际，加以创造性

的发展和灵活运用，才能立于不败之地。中国企业的发展和优秀人才的成长，需要从优秀传统文化中汲取力量。

为了弘扬中华优秀传统文化，加强企业的现代化、正规化建设，重塑我们的民族自尊心、自信心，为中华民族再创辉煌，笔者编写了这本《读〈孙子兵法〉 悟管理智慧》。本书的内容结构以《孙子兵法》十三篇为主线，开列为十三章，每章都首先展示了原文，以便读者查阅与核对；其次，综合各家之所长，再加上自己的理解与认定，写了一个既忠实于原文原意，又力求有一定气势和文采的白话今译；再次，结合现代战争和现代市场竞争的实际，每篇都设计了一个读解心得，力求在理论与实践的结合上能够给人以启迪；最后，从比较优秀的企业和企业家的成功经验中，精选与编写了与该章内容联系较为密切的商业案例，以供读者借鉴。

尽管笔者作了努力，但由于水平所限，本书肯定还会有不少缺点和疏漏，敬请各位专家和读者批评指正。

朱坤福
2023年6月于朱氏药业集团总部

目录

Contents

第一篇 始计篇 ································· 5

培养团队精神，发挥员工的群体力量 ············· 5
建立强势品牌，征服消费者的心 ··············· 9
不断求变创新，带领企业走向光明 ·············· 13
出其不意发起攻击，赢得竞争的胜利 ············ 16
建立决策优化机制，为未来做好准备 ············ 19

第二篇 作战篇 ································· 23

制订阶段目标，找到企业发展的下一个栏 ········ 26
避免冒进，走得远比走得快更重要 ·············· 29
践行成本领先战略，打造明显的竞争优势 ········ 33
精准把握规律，正确快速地作出决策 ············ 37
要想获得成功，就必须从行动开始 ·············· 40

第三篇 谋攻篇 ································· 45

实施目标管理，促使经济效益增加 ·············· 49
拥有了人才，企业的发展才有保证 ·············· 52
识别有才能的员工，赋予他们恰当的权力 ········ 55

突破观念的桎梏，建立起现代企业制度 ……… 60
充分发挥自我优势，找到锐利的进攻之矛 ……… 63

第四篇　军形篇 ……… 69

行动之前考虑周全，最后方能稳操胜券 ……… 73
胆识决定目标的高度，也决定成就的高度 ……… 75
目标不是空洞的规划，而是符合规律的决策 ……… 78
打造卓越的核心竞争力，公司才能长盛不衰 ……… 82
建立忧患思维，才能更好应对危机的发生 ……… 86

第五篇　兵势篇 ……… 91

根据形势和任务的需要，选用恰当的人才 ……… 95
审时度势出奇谋，商场竞争才能建奇功 ……… 98
始终保持变革创新，为企业带来持续发展 ……… 101
先模仿后创新，建立有个性的经营模式 ……… 105
营销造势，商业竞争必不可少的手段 ……… 108

第六篇　虚实篇 ……… 113

占据主动权，才能减少经营中的障碍 ……… 119
依靠敏锐的洞察力，带领企业攀向更高峰 ……… 122
不可拘泥于一格，创新变化才能生存 ……… 124
瞄准客户需求，寻找潜在的细分市场 ……… 127
企业要量力而行，避开盲目扩张的误区 ……… 130

第七篇　军争篇 ……… 133

军心稳定的组织，才有强大的战斗力 ……… 138
创新崇尚成功，同时也要容忍失败 ……… 142

隐藏战略意图，投消费者所好开拓市场……………… 146
发起情感攻势，寻求情感共鸣…………………………… 148
必要时要收起锐气，择机后发也可制人………………… 152

第八篇　九变篇……………………………………… 157

面对实力强大的对手，保存实力是关键………………… 160
具备未雨绸缪的意识，做好危机防范…………………… 163
善于审时度势，在变化中适应变化……………………… 166
注重细节管理，创设企业最优成长环境………………… 169
在现代商海中打拼，勇谋兼具方成大事………………… 171

第九篇　行军篇……………………………………… 175

一人多用，将员工培养成"全能战士"………………… 180
以身作则，管理员工前先管理好自己…………………… 185
竞争优势是动态的，随着环境而变化…………………… 189
坚持公平合理原则，对下属要一视同仁………………… 191
把握好尺度问题，恩、威配合运用……………………… 196

第十篇　地形篇……………………………………… 201

把不利因素变有利优势，在失败中寻找成功…………… 206
善借前车之鉴，避免不必要的损失……………………… 209
敢于和善于使用强者，铸就事业的辉煌………………… 212
努力培养自己的专长，成为优秀的管理者……………… 217
把员工当亲人，他们才会更加为企业效力……………… 220

第十一篇　九地篇…………………………………… 225

越熟悉环境，越能应对各种不同的情形………………… 233

合于利而动，企业经营决策谋略的着眼点 …………… 235
没有绝对的危机，也没有永恒的机遇 ……………… 238
做前行路上的号手，激起团队的热情 ……………… 242
置之死地而后生，危机也是一种激励 ……………… 247

第十二篇　火攻篇 …………………………………… 251

既要会观"天时"，又要会巧借"东风" …………… 254
谨慎是大智慧，也是成大事者的必修课 …………… 255
分析清楚形势，当进则进当退则退 ………………… 258
稳扎稳打，脚踏实地地完成宏伟的目标 …………… 260
清醒理智制定战略，别让情感取代理智 …………… 262

第十三篇　用间篇 …………………………………… 265

掌握大量有用信息，才能成功决策 ………………… 269
加强防范，严实保密体现在每个细节上 …………… 272

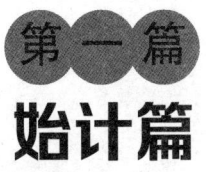

　　《始计篇》深刻阐释了战争无计谋不足以取胜,事业无筹划不足以成功。在军事上,用兵始于计谋,是对整个战争起重要作用的策略。善策出自"庙算",而精确的"庙算"又来自对各种因素的侦测考察,如此才能对自己和敌人的优劣有较全面的判定。孙子还在这些基础上总结出兵法精粹:"攻其无备,出其不意。"在商场中也一样,运用好计谋就把握了成功之道。

原文

孙子曰：兵者，国之大事，死生之地，存亡之道，不可不察也。

故经之以五事，校之以计，而索其情：一曰道，二曰天，三曰地，四曰将，五曰法。道者，令民与上同意也，故可与之死，可与之生，而不畏危也；天者，阴阳、寒暑、时制也；地者，远近、险易、广狭、死生也；将者，智、信、仁、勇、严也；法者，曲制、官道、主用也。凡此五者，将莫不闻，知之者胜，不知者不胜。故校之以计，而索其情，曰：主孰有道？将孰有能？天地孰得？法令孰行？兵众孰强？士卒孰练？赏罚孰明？吾以此知胜负矣。将听吾计，用之必胜，留之；将不听吾计，用之必败，去之。

计利以听，乃为之势，以佐其外。势者，因利而制权也。兵者，诡道也。故能而示之不能，用而示之不用，近而示之远，远而示之近；利而诱之，乱而取之，实而备之，强而避之，怒而挠之，卑而骄之，佚而劳之，亲而离之。攻其无备，出其不意。此兵家之胜，不可先传也。

夫未战而庙算胜者，得算多也；未战而庙算不胜者，得算少也。多算胜，少算不胜，而况于无算乎！吾以此观之，胜负见矣。

译文

孙子说：军事学研究是国家的大事，它是关乎百姓生死、国家存亡的一个思想领域，不能不深入考察。

要从以下五个方面去研究战前形势，一一比较各项战争要素，认真探索敌我双方的胜负概率：一是道，二是天，三是地，四是将，五是法。道，是使百姓与国君同心同德，步调一致，这样民众就可以与国君同生共死，不惧怕危难。天，是指阴晴、寒暑、四时等气候、季节方面的自然现象。地，是指战场位置的远与近，地形的险阻与平坦、开阔与狭窄，以及作战区域是否有利于攻守进退。将，是指将领应具备的智慧、诚信、仁德、勇敢、严明等五种素质。法，分别指的是军队的组织编制，将吏的任用、分工、管理，以及军费、军需等方面的制度。以上这五个战略要素，没有哪一个将帅没有听说过，然而只有深入研究这些要素才能取胜，不深入研究这些要素就不能取胜。所以要一一比较敌我双方的战略要素，探索彼此胜负的概率，要研究清楚以下问题：哪一方的君主能处理好君、民关系，赢得民心？哪一方的将帅有才能？哪一方掌握了天时地利？哪一方能贯彻执行军法条规？哪一方装备优越、实力强大？哪一方的士卒训练有素？哪一方赏罚分明？我根据这些比较就能预测谁胜谁负。如果带兵者听从我的分析判断，他用兵打仗就必然取胜，我就可以留用他；如果不听从我的判断，他用兵打仗就必然失败，我就不用他。

有利的战略决策一经采纳，就要营造一种态势，以有助于对外军事行动。军事态势的营造，要根据己方的有利条件，顺应复杂多变的战场形势。军事领域应以诡诈多变为原则。所以有能力却装作没有能力；要出兵却装作不出兵；攻

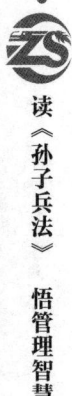

近处，装作攻击远处，要攻远处，装作攻击远处；以小利诱惑敌人；扰乱敌人而趁乱战胜它；敌人实力强大就严加防备；敌人兵强气锐就避开它；敌将性躁易怒就要想办法激怒他；敌人谦卑就要使其骄傲轻战；敌人休整充分，就想办法使其疲惫；敌人团结和睦，就设法离间它；进攻敌人毫无准备之处，出击敌人毫无意料之地。这是军事家打败敌人的奥妙，无法事先讲明。

还未交战，"庙算"阶段便预测某方取胜，是基于它取胜的条件较多；还未交战，"庙算"阶段便预测某方不胜，是基于它取胜的条件较少。战略筹划周密就有可能取胜，战略筹划不周密就不可能取胜，更何况根本不作筹划呢！我们依据这些观察，谁胜谁负就会一清二楚。

读解心得

兵法需要常读常悟，每次都会有不同的感触，也许是心境不同，也许是经历不同，正像一位知名企业家所提及的禅悟："三十年前看山是山，看水是水；后来看山不像山，看水不像水；三十年后看山还是山，看水还是水。"只有自己有所经历、有所感悟，才能有不同的意境。在企业发展过程中，"死生、存亡"不是危言耸听，因为我们看到太多的企业在一夜间消失，真的"兵败如山倒"。

在企业运行过程中，又有多少人对自己的企业的"死生、存亡"做了深刻的分析，对企业的发展做过系统的"决策"呢？一个企业的壮大既不是偶然的，更加不可能是巧合，它是一个长期"休养生息"的过程。

那么到底是什么在决定着企业的未来呢？绝对不是口号，绝对不是墙上的标语，而是"道、天、地、将、法"。员工认同企业，上下团结一致、齐心协力，以公司的发展壮大为荣，共同克服一切困难；顺应社会发展需要，满足老百姓的需求，诚实守信、合法经营、严格自律、制定统一标准，严格执行……

企业要有正确、长期的战略规划，确定长期的战略发展方向，并借助必要的战术手段来确保战略目标的实现，而实现战略目标的核心要素就是人才，人才的数量和品质将决定企业能走多远、走多久。

成功的企业都是因为有成功的战略，而成功的战略必须通过正确的执行才能达成预期目标。

商例活用

 **培养团队精神，发挥员工的群体力量**

在本篇中，孙子提出"道"是使上下同欲最根本、最重要的因素。欲望一致才会思想一致，思想一致才会步调一致。只要团结一致，再小的势力也会发挥出强大的力量。

孙子把"道"列为决定战争胜负的"五事""七计"的首位，作为制胜的第一个条件，这在孙子以前的军事论著中是没有过的，是孙子对我国古代军事思想的一个重要贡献。所谓"道"，指的是治国之道、得天下人心的"天地大道"。把"道"明确定义为"令民与上同意也"，更是值得后代永远铭记的警世格言。

"团结就是力量"这句话，被现代中国人说得多了，有人便认为此话俗了，其实它包含着颠扑不破的真理。为什么"人和"具有如此大的功效呢？道理很简单：四个人拉一辆车，要是朝一个方向用力，就会顺利地启动车轮，到达目的地。如果四人各朝一个方向用力，就难以使车轮转动。

　　一个组织在生存发展的过程中，必然要协调两种关系：一是组织与外部环境的关系（即如何适应环境），二是组织内部的关系，后者是前者的基础。组织内部关系不外乎两类，即人与人的关系和人与物的关系。其中人与人的关系占据主导地位，这一关系处理得好，对处理好人与物的关系起到保障作用。所谓"人和"，有两层含义：其一，团结一心，感情融洽；其二，配合默契，协调动作。这也是组织内部人与人关系协调的两个重要标志。也可以说，人和就是人与人关系的协调。

★★★★★

　　在中国女排与世界明星队的比赛中，论实力，中国女排中不过有三四个出名的球星，而明星队则个个耀眼。但整体并不等于个体的简单相加，一个球队在具备了一定实力后，取胜的关键在于团结一心、密切配合，这正是中国女排的优势所在。明星队就不同了，她们临时拼凑在一起，相互间缺乏足够的了解，加上球星们都有较强的个性，已习惯于全队围绕自己发挥作用。一旦群星荟萃，多个核心集于一体，难以形成合力，甚至能量互耗，败给中国女排为势所必然。

★★★★★

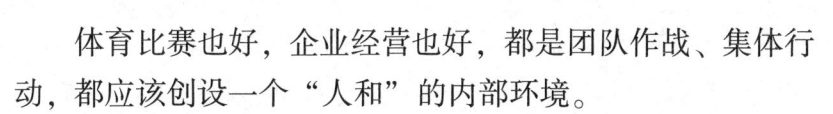

体育比赛也好，企业经营也好，都是团队作战、集体行动，都应该创设一个"人和"的内部环境。

从当今社会来看，强人与能人的区别，就在于强人知"道"，能行"道"，使民众、士卒齐心协力、英勇作战。企业经营者要想使事业获得成功，也要发挥团队力量，而这是能人所不能的。那么，现代企业如何培养和建立团队精神呢？

（1）要提倡员工对企业的奉献精神和集体主义精神

人们生活的意义不仅体现为社会对个人的满足，更重要地体现为个人对他人、对社会的贡献。对社会的奉献精神是我们每个人对社会应该采取的生活原则和生活态度，是培育企业价值观的重要方法，也是实现个人价值的必要途径。

（2）确立员工的主人翁地位，营造"家庭"氛围

在现代企业中，要使每个员工树立企业即"家"的基本理念。"家"是社会最基本的文化概念，企业是"家"的放大体。在企业这个大家庭中，所有员工包括总裁在内，都是家庭的一员，其中最高经营者可视为家长。在大家庭中，所有人都被一视同仁，蓝领工人和白领工人在待遇、晋升制度、工资制度、奖金制度、工作时间上都相同，所有员工都有参与管理、决策的权利。企业领导要特别重视"感情投资"，熟悉员工的情况，亲自参加员工家里的红白喜事，厂里经常组织运动会、联欢会、恳谈会、野餐和外出旅行等活动，也可邀请员工家属参加。这样，可使整个企业洋溢着家庭的和谐气氛，工人以主人翁的态度和当家作主的精神从事生产，自觉遵守厂规厂纪，按质、按量完成生产任务和工作任务。正是在这种充满激情和创造性的员工活动中，企业的价值才得以体确立，企

业的经营目标才得以现，企业才得以不断发展。

（3）以"和"为本，培养员工爱岗敬业和团结协作精神

在市场经济下，员工的命运和企业的兴衰是紧密联系在一起的。因此，企业应重视培养员工的爱岗敬业精神。员工有了爱岗敬业的精神，就会牢固树立"厂兴我荣，厂衰我耻"的理念，自觉地与企业同呼吸、共命运，真正发自内心地关心企业的成长和发展，并积极为企业的发展献计献策；就能够吃苦耐劳，忠于职守，勤奋工作，尽最大努力做好本职工作，把自己的专业知识和能力全部贡献给企业；就会自觉地学习，刻苦钻研专业知识，努力提高技术水平和业务素质，从而为企业做出更大的贡献。此外，他们就会勇于开拓，不断创新，不断进取，从而推动企业不断发展。同时，企业要培养员工的团结协作精神。俗话说，人心齐，泰山移。企业领导要在企业内部营造一种开放坦诚的沟通气氛，使员工之间不仅能自由地发表个人的意见，还能倾听和接受其他同事的意见，通过相互沟通，消除隔阂，增进了解。但强调"以和为本"并非排斥竞争，而是强调内和外争，即对内让而不争，对外争而不让。一个小组团结如一人，与别的小组一争高低；一个车间团结如一人，与别的车间一争高低；一个企业团结如一人，与别的企业一争高低。所谓竞争意识，就是要提高一个集体的竞争能力。企业内部的"和"，并非要一团和气，失误不纠，而是鼓励员工参与管理，勇于发表意见和指出错误。企业要采取各种激励措施，引导员工团结向上，使员工之间、员工和企业之间产生一体感，大家团结协作，同心同德，齐心协力，共同完成企业的经营目标。

> 由于目前我国企业团队精神的成熟度不够，个性不强。因此，需要对团队精神进行再培育和重塑，同时还应充分考虑适应社会主义市场经济的要求，把竞争观念、市场观念、效益观念、信息观念等融入团队精神的培育全过程，使之成为团队精神的基础。

建立强势品牌，征服消费者的心

在孙子眼里，君主是否贤明，是影响胜负的首要因素。贤明的君主就是一个强势品牌，能够集结民心，使军队上下同欲，齐勇若一。企业如果想在市场中产生强大的号召力，就应该像君主建立起昭示自己贤明的规制一样，打造强势品牌。

市场上各类品牌林立，品牌竞争力强，处于强势地位，就是名牌。反之，品牌处于弱势或劣势地位，久而久之，就会危及品牌的生命。

强势品牌的特征不是企业主观臆造的，而是消费者在生活中积累的结果。强势品牌就是在消费者心目中留下了清晰、良好印象的品牌。品牌与消费者有着亲密的关系，这种亲密关系很多时候并不是建立在"高技术"基础上，而是建立在品牌的整合传播基础上。

强势品牌的突出特征是准确而有力的品牌定位，以及由定位而塑造的鲜明的品牌个性。明确而有力的品牌定位，是打造强势品牌的基础。品牌定位是品牌传达给消费者"产品

为什么好"以及"产品与竞争对手的不同点"的主要购买理由。这种理由必须直观,易被消费群所理解和接受。

随着社会商品生产总量的激增,商品短缺的现象已不复存在,即便是新产品,也只能独领数日风骚,在利益的驱使下,会有无数企业群起仿效,甚至创制出更新的产品。与此同时,由于人们生活水平的提高,物质文化消费已逐步由生存型向享受型转变,消费者已不满足于以往物美价廉的追求,而是转向对服务性消费和商品自身附加价值的更高要求。于是,名牌消费日趋成为一种时尚。

在这种情况下,消费者购买商品的唯一选择就是品牌。拥有品牌,就意味着拥有市场,拥有效益。越来越多的管理者已经认识到,市场竞争的实质就是形象竞争,而企业形象竞争的核心则是品牌竞争。

品牌的价值是巨大的。可口可乐公司的第二任掌门人罗伯特·伍德拉夫曾说:"即使可口可乐公司在全球的工厂一夜之间化为灰烬,但凭借可口可乐这块牌子,就能在短期内很快地恢复原样。"伍德拉夫绝不是夸夸其谈,截至2000年,可口可乐的品牌价值高达725亿美元,市场在经历了价格竞争、质量竞争和服务竞争等阶段后,进入了一个新阶段——品牌竞争。一个市场没有品牌,那是萧条;一个地方没有品牌,那是落后。随着我国市场经济的日趋成熟,品牌已渗透到我们生活中的各个领域。

一块普通的手表只要几十元、几百元,而一块劳力士或雷达则可高达几千元甚至几万元。这几十倍甚至几百倍的价格差异,仅仅是产品间的差距吗?当然不是。产品与产品之间的质量、材料、款式的确有差异,但这种物理差异不可能有几十倍甚至几百倍之多，劳力士、雷达的价值主要在于品牌而不是产品。品牌不仅仅意味着产品的质量、性能或款式的优秀，事实上心理消费才是真正的重点。同时，品牌是身份的象征，在十几年前有一块手表就是一种荣耀，那是产品力时代，而现在处于品牌力时代，仅仅产品优秀远远不够。大街上几十元、几百元的手表很少有人问津，而价值千金的名表却成了许多人强烈的追求。因为劳力士、雷达是体现自我价值、优越感的绝佳标志。

消费者更愿意购买有品牌的产品和服务，并愿意付出更大的代价。

同样的产品，贴不贴品牌标签，对消费者而言意义完全不一样。产品竞争与品牌竞争完全是两个不同层面的竞争，正如坐宝马的人与坐夏利的人是两个层面的人一样，在很多"半被动消费"中，物质的享受反而是其次的，品牌带给他的意义远远大于产品本身。

品牌的形成需要时间的沉淀和悉心的积累，品牌的创建需要拿出勇气和实力。因为面对纷繁复杂的有形品牌和无形品牌，面对有品牌产品和无品牌产品，如果没有勇气和实力同竞争对手去抢、去拼，是无法建立品牌的，对于品牌的信赖、忠诚与延伸更是无从谈起。

★★★★★

尽管杰克·丹尼威士忌酒早在1911年便在圣路易世界博览会中获得过金牌奖，而且拥有一些诸如总统、作家、影星等忠实的消费者，但当温顿·史密夫接手该厂的经营管理时，它已属于走下坡路的高价货了。而且，它并不是真正意义上的名牌

酒，因为它并不普及，知道这种酒好的人很少。

对杰克·丹尼威士忌酒特色的喜爱和对其质量的信心，促使史密夫决心对这一现象加以改变。通过市场分析，史密夫意识到，杰克·丹尼威士忌酒独一无二的木炭渗漏使酒变醇的过程导致成本比普通酒增加一倍多，因而价格也高，更重要的是它较高的酒精含量早已不能迎合人们口味趋淡的倾向。由此史密夫设想，如果杰克·丹尼威士忌酒降到较低的酒精度，再加上它的香醇味道的特色，便大有可能迎来消费者的偏爱。

为此，史密夫制定了一套长期性策略：在产生它独特味道的制造方式方面，公司绝不做出妥协；坚决维持划一的高价，并坚决反对批发商或零售商降价；广告务必不断反映酒厂的独特性，并要刻意塑造出消费者和产品之间情笃意深的意境。

史密夫指导下属展开柔中有刚的广告宣传，再配合迅速而果断的行动，使公司的计划胜利告捷，杰克·丹尼威士忌酒在消费者中的知名度直线上升。

随着销售额激增而来的问题便是所有存货都卖光了，消费需求大大超过了供应能力。威士忌酒需储藏多年才能变成陈年佳酿，最短视的办法也许是贸然增大产量和缩短酿制时间。这无疑是对产品的质量让步，很可能使千辛万苦创立的名牌形象毁于一旦。

史密夫直率地要求顾客和代理商跟他们一起忍

耐、等待，他通过广告告诉他们："我们宁愿请你耐心等待而不愿失掉你对杰克·丹尼威士忌酒的尊重。"

对消费者而言，货源短缺更加强了这种威士忌酒珍贵的形象。时至今日，杰克·丹尼威士忌酒仍供不应求，尽管扩大生产后公司的供应量已增加了4倍多。

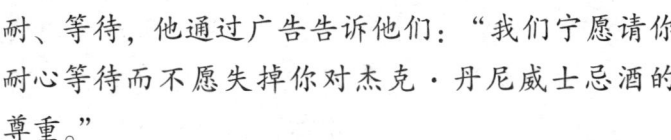

"品牌铸就辉煌"，也将征服消费者的心。品牌之所以被消费者认同和追逐，其魅力就在于它使人们能够享受品牌带来的实惠和放心，其魅力放射出来的光芒是耀眼的、可信的，有着巨大的价值和浓厚文化底蕴。

不断求变创新，带领企业走向光明

战争除了实力的对比，最重要的就是计谋，两军对垒"多算者胜"，所以孙子说："兵者，诡道也。"孙子对于"诡道"的解释很全面，可以概括为以下两大方面。

第一，迷惑对方，不让对方摸清自己的真实情况："能而示之不能，用而示之不用，近而示之远，远而示之近。"

第二，出其不意、攻其不备地打击对方："利而诱之，乱而取之，实而备之，强而避之，怒而挠之，卑而骄之，佚而劳之，亲而离之。"

其实，简单来说，就是不按常理出牌，这就好比两个人下棋，如果着着按定式走，对手早有预料防范，恐怕结果是有输无赢了。下棋只不过是思维游戏，战争则是生死存亡的事情，一点玩笑不得，所以务必招招出乎对手所料才可获胜。

战争如此，竞争管理也是如此，很多时候，按部就班、人云亦云的结果就是满盘皆输。

世界是不断发展变化的，企业需要不断创新、变革来适应这种变化，管理者也一样，如果不能主动求变、持续求变，必然会被世界的变化大潮淹没，在竞争中出局。

这世界上唯一不变的就是变化，管理者只有让自己不断求变、不断发展，才能适应这个不断变化的世界。创新是永无止境的，任何管理者都不能指望通过一次创新，就可以一劳永逸地享受创新的成果，只有持续不断地进行大胆尝试和创新，才能保持企业的市场竞争力，不断向前发展。

★★★★★

海德·道格拉斯是美国奥什康什公司的总裁，这家公司在成立之初以供应农民穿的围裙为主。在1895年到20世纪70年代将近80年的时间里，奥什康什公司的围裙销量一直都很大，利润也相当可观，这种产品在当时十分适合穿着围裙耕地、挤奶、喂猪的美国农民的需要。

然而，随着农业现代化水平的提高，农民大多改用机械化作业。海德·道格拉斯接任奥什康什公司总裁后，他敏锐地察觉到了市场的这种变化——穿着围裙工作的农民很少见了。因此，为了扭转公司的发展方向，他在一次高层会议上说："现实环境已经改变了,我们不应再以五年前的眼光看待问题,而应该认真地分析市场变化,详细地做好战略发展计划,并准确无误地实施它。"1978年,海德·道格拉斯经过细心观察、认真分析,发现了一个正在急剧膨胀的新市场——许多年来公司一直为邮购商店生产一种小孩穿的工装裤。他发现邮购商店一年卖这种商品的数量超过了六七千条,他认为这里潜藏着很大的商机。为了证实这种想法,他果断地作出决策,给儿童用品零售商寄发了直销邮件。零售商试销后,反响很不错,于是订单便如雪片般不断飞来。从此,道格拉斯把市场的重心放到了努力拓展童装市场上,很快打开了新局面。

到了20世纪80年代,由于童装市场竞争十分激烈,道格拉斯又一次主动求变,改变了公司的发展方向。经过调查他发现,随着人们生活水平的提高,人们对于童装的要求也越来越高。于是,他为公司制定了新的战略定位——以生产做工精细、时髦漂亮的高档童装为主打方向。这一战略调整使公司的效益实现了一次重大的飞跃,公司的规模也不断扩大,终于成为一家世界级的大公司。

到了20世纪90年代,海德·道格拉斯又发现沃玛特、克马特、塔甘等大企业占据了童衣纽扣市场一半的份额。为了企业的长远发展,他毅然决定进军童装纽扣市场,这一措施有力地维持了奥什康什公司的市场地位,保证了公司的长远发展。

★★★★★

管理者应该坚持创新，这是一种对新思想、变化、风险乃至失败都抱有欢迎态度的行为方式。世界上没有不朽的产品，没有永存的企业，唯有变化、创新才能发展，才能生存。也只有这样才能保持企业的竞争力，才能在市场中立足、发展。

所有有为的管理者都懂得改变求发展的道理，环境的变化是一种新的时势、新的发展机遇。无论是地理环境、交际环境，还是职业环境、人文环境，每一次改变都为我们提供了一个新的广阔的发展空间。如果管理者能敏锐地抓住这些改变的契机，主动改革，主动创新，那么企业必然会在变化中发展得更好。

> 改变就是从旧模式到新模式的转换，这意味着管理者必须用全新的视角、全然不同的方式来思考原有的问题。我们每个人都具备这种"创造性的能力"，区别的关键就是无能者任由这种能力被埋没，而有为者则主动去表现自己的能力，打破因循守旧的思维习惯，努力改变现状，带领企业去往更光明的前方。

出其不意发起攻击，赢得竞争的胜利

"攻其无备，出其不意"是孙子"权诈之兵"的精髓，这句话已成为千古传诵的军事名言。作战是一种十分复杂的军事行动，天时、地利、敌情变幻莫测，谁能根据战场的具体情况做好充分准备，谁就能掌握战场的主动权，谁就有可能获得胜利。反之,"优势而无准备",那也可能由优势而转变为劣势,从而导致最后的失败。

因此,有备和无备,准备得是否充分,历来都是兵家所极其关注的。

军事上的"攻其无备",是指在敌方没有戒备的特定时间、地点等情况下突然实施攻击。这种突如其来的袭击能在军事上和心理上给敌方造成巨大的压力,从而使敌方在慌乱之中做出错误的判断,采取错误的行动,以致酿成更大的恶果。

对于企业管理者而言,要想做到攻其无备,出其不意,首先要做好分析工作,也就是说要知道对手哪些地方准备充足,哪些是其薄弱之处。

★★★★★

有一位名为威尔逊·哈勒尔的英国商人,20世纪60年代初来到美国定居,后来他购进了一家制造清洁液的小公司,开始经营一种名为"配方409"的清洁液。到了1967年时,"配方409"已经占领美国清洁剂产品市场的5%,并获得了专卖权。

正当哈勒尔准备在美国全面扩展"配方409"清洁液的销售市场时,突然遇到了一个强大的竞争对手——美国宝洁(P&G)公司。该公司实力雄厚,其生产的"象牙肥皂"闻名美国。后来他们又推出了"新奇"清洁液,使哈勒尔的"配方409"清洁液遇到了一次严重的挑战。

这一次,宝洁公司在命名、包装和促销上投入了比"象牙肥皂"更多的资金,进行了耗资巨大

的市场调研，声势浩大。因为他们底子厚、资金充足，因此满怀信心要打败哈勒尔。但是事情不是绝对的，规模大也有它"不备"的一面。哈勒尔判断到宝洁公司会因为自信而不去密切注意他的行动。于是他利用小公司灵活多变、行动迅速的特点，用"攻其无备，出其不意"的方法与宝洁公司周旋。

哈勒尔一方面用"配方409"包装、颜色的改进来迷惑对方，另一方面派出调研人员，四处搜索对方的情报和市场信息。当打听到宝洁公司竞争要地——丹佛市被选为第一个测试市场时，哈勒尔便充分利用小公司灵活的特点，把"配方409"清洁液在丹佛市的广告促销停了下来。当然，并不是把市场货架上的货物全部搬走，而只是中止了一切促销活动。这样做，主要是防止被宝洁公司发觉，以便使以后的反击能起到"出其不意"的效果。

这一招果然奏效，"新奇"清洁液一时成为畅销货，宝洁公司试销组的成员大为高兴。消息传到该公司总部，总部也当即决定投放更多的"新奇"清洁液到丹佛市。

正当宝洁公司上上下下一片轻松时，哈勒尔公司果断地采取了行动。他趁"新奇"清洁液将大量涌入丹佛市时，展开了削价战，低价倾销他的"配方409"清洁液。虽然留在丹佛市的货物不多，但是足以使爱占便宜的消费者一次性购足一整年的用量，等到宝洁公司的"新奇"清洁液大量涌入丹佛市促销时,市场情况已经不再允许他们高价销售了。即使价格降下来,也为时已晚,清洁液产品市场在相当一段时间内已经达到了饱和的程度,而"配方409"产品已被丹佛市民认可并接受。

哈勒尔采用的是"攻其无备"的策略,先中止一切广告促销活动迷惑宝洁公司,在宝洁公司没有防备的情况下,再出其不意发起攻击,最终赢得了这场竞争的胜利。

"攻其无备,出其不意。"这句话的核心在"奇"字,关键是"创"字。它要利用对方惯性思维的弱点,捕捉对方的思想空隙,突破人们思维的常规、常法和常识,反常用兵,出奇制胜。高明的经营者运用"出其不意"的谋略,就要在"奇"字上绞尽脑汁去创造,在一些方面大做"奇"字文章。

> 最高明的行动,是别人想象不到的行动;最高明的策略,是出奇的策略。市场的需求是动态变化的,当市场需求出现新的变化的,别人尚未想到,你先想到;别人尚未看到你先看到;别人看不上眼的事,你能抓住不放,有所创新;别人尚未行动,你捷足先登。这样就能收到以奇制胜的效果。

建立决策优化机制,为未来做好准备

"夫未战而庙算胜者,得算多也;未战而庙算不胜者,得算少也。"孙子的这句话点出了成功决策的关键因素:战略决策者所面临的问题不是明天应该做什么,而是今天必须

为不确定的未来做哪些准备。

管理大师德鲁克说:"战略规划并不涉及未来的决定,它所牵涉的只是目前决策的未来性。决策只发生在目前,但目前的决策在决定着未来的走向。"

决策为未来的发展做好准备,这就需要决策管理者具有超前意识。超前意识是一种以将来可能出现的状况为依据,对现实进行弹性调整的意识。它可以对前景进行预测性思考,可以使我们调整现实事物的发展方向,从而帮助我们制订正确的计划和目标并付诸实施。

★★★★★

"二战"时期,美国有家规模不大的缝纫机工厂,由于战争影响,生意萧条。工厂主汤姆把目光转向未来市场,一番思索后,他告诉儿子保罗:"我们的缝纫机厂需要转产改行。"保罗一脸不解地问他:"改成什么?"汤姆说:"改成生产残疾人使用的小轮椅。"一番设备改造后,工厂生产的一批批轮椅问世了。

正如汤姆所预想的,很多在战争中受伤致残的人纷纷前来购买轮椅。保罗看到工厂生产规模不断扩大,实力也越来越强,非常高兴。但是在满心欢喜之余,他不禁又向汤姆请教:"战争马上就要结束了,如果继续大量生产轮椅,其需求量可能已经很少了。那么未来的几十年里,市场又会有什么需求呢?"

汤姆对儿子说:"人们已经厌恶透了战争,大家都希望战后能过上安定美好的生活。美好的生活靠什么呢?要靠健康的体魄。将来人们会把健康的体魄作

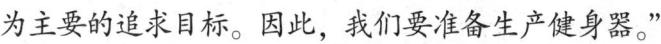

为主要的追求目标。因此，我们要准备生产健身器。"

一番操作后，生产轮椅的机械流水线被改造成了生产健身器的流水线。刚开始几年，工厂的销售情况并不好。十几年后，健身器材开始大量走俏，不久就成为畅销货。保罗根据市场需求，不断增加产品的产量和品种，随着企业规模的不断扩大，保罗跻身于亿万富翁的行列。

未来总会到来，又总会与今天不同。如果不着眼于未来，企业就会遇到麻烦。哪怕是最大的和最富有的公司，也难以承受这种危险。

很多人认为决策就是为了赚钱，这似乎并没有问题，然而这种意识最容易产生投机行为，即什么赚钱干什么。在一个市场发育完整、经济活动相对理性的环境中，这种行为会被彻底地挫败。中国当代的管理者和经理人必须明白，我们已经告别了短缺经济时代，任何一个市场都存在很大的风险，谨慎决策至关重要。

由于市场同质化、产品趋同化越来越明显，未来会充满各种各样的迷惑，决策者必须对市场的不确定性作出回应。这就要求决策者明确决策的目的，明确决策需要实现什么、满足什么。

★★★★★

1984年，本田技术研究所曾面临倒闭的危机，投下巨资增加设备，原本受欢迎的产品销路却大减。种种困难，使本田公司难以负荷。在这种情况下，本田却宣布要参加国际摩托车赛，要制造第一

流的摩托车,争取拿世界冠军。

这个决策在当时的业内人士来看,简直是一个天大的玩笑。但是本田的负责人有着清晰的目标,他期望这种决策能够为未来称霸全球摩托车市场赢得先机。

这个决策出台后,激发了本田员工的奋进之心。为了研究开发技术,改良摩托车性能,本田负责人以身作则,取消假日,每天都到公司努力工作。他的敬业精神感动了员工,员工们个个精神抖擞,忘我工作,终于如期制造出第一流的摩托车参赛,取得了骄人的战绩,本田公司也因此一举成名。

★★★★★

作为管理者,如果是不懂技术、不了解创新产品性能和特点的非专业人士,往往以短期投机为目的,他们总是想赚一把就走,结果导致决策的随意和混乱。他们所造成的一幕幕巨人崛起和陨落的悲喜剧,值得决策者警惕和反思。

如果公司要成为一个有竞争力的长寿公司,就不能仅仅依靠决策者的个人判断,而需要建立一种决策优化的机制。因为一个不懂得有效决策的决策者,就不是一个卓有成效的管理者。

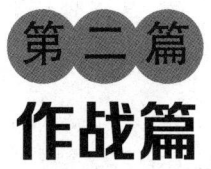

第二篇
作战篇

万事没有充足的准备与筹划，都是不可能顺利成功的。"兵贵神速"就是站在时间的前方。旷日持久的战争要付出巨大的物资代价，会牵制国家的全面发展。孙子在《作战篇》中主张用缴获的物资来补充壮大自己，只有这样，才能保存自己的实力，迅速克敌制胜。"取用于国，因粮于敌"讲的就是利用对方的资源和力量来达到我们的目的。瞬息万变的商业市场更需要人们在"作战"时快、准、狠，以获得最大利益。

原文

孙子曰：凡用兵之法，驰车千驷，革车千乘，带甲十万，千里馈粮。则内外之费，宾客之用，胶漆之材，车甲之奉，日费千金，然后十万之师举矣。

其用战也，胜久则钝兵挫锐，攻城则力屈，久暴师则国用不足。夫钝兵挫锐，屈力殚货，则诸侯乘其弊而起，虽有智者，不能善其后矣。故兵闻拙速，未睹巧之久也。夫兵久而国利者，未之有也。故不尽知用兵之害者，则不能尽知用兵之利也。

善用兵者，役不再籍，粮不三载。取用于国，因粮于敌，故军食可足也。国之贫于师者远输，远输则百姓贫；近师者贵卖，贵卖则百姓财竭，财竭则急于丘役。力屈、财殚，中原内虚于家。百姓之费，十去其七；公家之费，破车罢马，甲胄矢弩，戟楯蔽橹，丘牛大车，十去其六。

故智将务食于敌，食敌一钟，当吾二十钟；其秆一石，当吾二十石。

故杀敌者，怒也；取敌之利者，货也。车战，得车十乘以上，赏其先得者，而更其旌旗，车杂而乘之，卒善而养之，是谓胜敌而益强。

故兵贵胜，不贵久。故知兵之将，生民之司命，国家安危之主也。

译文

孙子说：用兵的一般规律是，需要动用轻型战车1,000乘，重型战车1,000乘，10万全副武装的士卒，还要跋涉千里运送军粮。前方、后方的军费开支，包括外交费用，制作和维修兵车、弓箭等的材料费用，各种武器装备的保养费用，每天都要为此花费巨额钱财，经过评估国家有能力承担这些开销，才能让十万大军奔赴战场。

用兵作战应要求速胜，时间久了部队会疲惫，士气会挫伤，攻城会感到气力衰竭，如果长期让军队在国外作战，那么国家的财政就会紧张。部队疲惫、士气挫伤，人力、物力被耗尽了，诸侯国就会趁此危机而起兵来攻，到那时即使是足智多谋的人，也无法挽回败局了。所以，在军事上听说过那种因指挥笨拙而速战失败的，没听说过那种指挥巧妙却将战争久拖不决的。战争拖得很久却对国家有利，这种情况是没有的。所以不完全了解用兵的危害，就不会完全懂得用兵的好处。

善用兵的人，不多次按照名册征发兵役，也不多次运送军粮。武器装备从国内取用，粮草从敌国补充，这样粮草供给就可充足。国家之所以因打仗而贫困，就在于粮草的长途运输，长途运输就影响百姓生活，使他们陷于贫困；驻军附近物价会上涨，而物价上涨就会导致国家财力枯竭，财力枯竭，就会加紧征收军赋。力量耗尽、财力衰竭，国内就会家室空虚。百姓的资产会耗去十分之七；国家的资产会因以下因素，包括战车、马匹的损耗，以及铠甲、头盔、箭、弓、戟、盾牌等武器装备的消耗，还有大牛与辎重车的损耗，而费掉十分之六。

明智的将领务求在敌国解决粮草问题，消耗敌人一钟粮食，相当于从本国运输二十钟粮食；消耗敌人一石饲料，相当于从本国运输二十石饲料。

要使士卒奋勇杀敌，就要激发他们的仇恨心理；要使士卒夺取敌人的财货，就要给予他们物质鼓励。所以车战时，能够缴获敌人十乘战车以上的，就要奖赏那个先缴获战车的人。此外，还要将缴获战车上的敌方旌旗更换成我方的，将

缴获的战车与我方战车交错编排使用，使俘虏的士卒得到善待和抚养，这就叫战胜了敌人，自己也更加强大。

战争以速胜为贵，不宜久拖不决。懂得用兵规律的将领，他们既是百姓生死的掌控者，也是国家安危的主宰者。

读解心得

就战争而言，一旦出兵打仗就会耗损国家大量的人力、物力、财力，拖久了就会使军队疲惫、锐气挫伤、财货枯竭。更有甚者，别的诸侯国会在此时趁机进行进攻。为此，《作战篇》主要论述了速战速胜的重要性。

从"速胜"的作战思想出发，孙子坚决反对以简陋的作战武器去进攻坚固的城寨，坚决反对在国内一再征集兵员和调运军用物资，主张在敌国就地解决粮草，主张用缴获的财货厚赏士兵，主张优待俘虏，主张用缴获的物资来补充壮大自己。他认为只有这样做，才能迅速战胜敌人。

孙子明确提出"兵贵胜，不贵久"，以速度增加决战的胜率也被当今许多的商界人士认可。企业只有充分做好人力、物力、财力上的准备，及时有效抓住有利时机，以最迅捷的方法在最短的时间内取得竞争胜利。只有这样，企业才能有效地降低竞争成本、减少竞争风险，最大化地获取竞争胜利所带来的成果，为企业更好地发展、壮大积累实力。

商例活用

 制订阶段目标，找到企业发展的下一个栏

孙子说："故兵闻拙速，未睹巧之久也。"言外之意，

作战要速胜。由此推及商业竞争，因为竞争是企业的常态，所以企业要追求单个竞争的速胜，但在整个发展历程中，要善于打持久战。因为竞争的终极结果是谁活得最久，而不是谁胜得最多。这就需要企业管理者制订好阶段性目标，为企业的发展精准地找到下一个栏。

很多人以为，做企业是一场短跑比赛，重要的是拿到冠军。然而，拿到冠军之后呢？企业经营的过程并非一场短跑，而是一场跨栏，不是110米跨栏，而是马拉松跨栏。一个企业的发展就如同跨栏，跨过一个栏以后，前面又有一连串的栏。每一个栏就是企业的一个短期目标，跨过去一个栏就如同实现了一个目标，企业要想持续经营，就有无数的目标等待着被跨越。

★★★★★

1990年，澳柯玛集团在详细的市场调查的基础上，果断地提出了内部挖潜改造、自我约束、量力而行、走低成本扩张道路的经营战略目标。通过将企业的产品调整、技术创新和管理创新相结合，设计和开发出家用小冰柜，填补了我国家用小冰柜市场的空白。

1996年，澳柯玛集团开始了第二次创业。他们针对内外环境的变化，调整了经营战略，确定了建立国际化大型企业集团的战略目标，制订了规模化、多元化、集团化的经营方式，树立了"大、强、新"的经营思路，设定了合理的短期目标，使集团在更高的起点上再次飞跃发展。

在1998年上半年全国家用电器产品市场占有率

统计中，澳柯玛洗碗机、电冰柜分列同行业第一名，微波炉列第二名，电热水器列第三名，电冰箱跻身同行业产销量前十名。另外，澳柯玛集团已分别在俄罗斯、新加坡等国家和地区设立了系列产品经贸公司，许多产品已远销南美、中东、南非等国家。

澳柯玛集团经历的两次创业，为集团达到世界先进水平打下了坚实的基础。

澳柯玛集团的经历给了我们一个重要的启示，即确立明确合理的企业发展目标，然后将目标进行分解、实行严格的目标管理是企业得以飞速发展、跻身领先地位的重要前提。

由此可见，制订合理的目标对企业经营有巨大的指导作用。目标就是指南针，能够指引企业一步步迈向持续的成功。

有人问一家公司的总裁，什么方法使员工紧紧地抱成一团，使公司具有坚强的战斗力？他想了想说："我们从来没有失去目标，即使公司内部暂时没有大型的项目、计划，我们也总能从对手、从潜在的危机中选择一个目标，我们的员工始终会感到：我们正在为一个共同的信念而奋斗。"

在目标设定上，既要有近期目标，又要有远期目标。只有远期目标，易使人产生渺茫感；只有近期目标，则易使人目光短浅，其激励作用也会减少或不能维持长久。

另外，近期目标的制订也不是随心所欲的，有效的近期目标的制订必须符合下列要求。

第一，对实现团队长期目标起到积极作用，并能指导团队的宣传、营销及研发等日常经营活动。

第二，团队近期目标要能够量化。只有量化的目标才能够进行有效的考核，也能够清楚各个目标完成的具体情况。

第三，团队近期目标要符合内部资源状况。与团队内部资源能力不相符的近期目标，要么不能够带来动力，要么被认为是无法完成的任务而被放弃。因此，一定要在均衡团队资源能力之后，制订出能够提升团队成员士气的目标。

总之，近期目标的设定既要指向和服务于团队的远景规划，体现团队的宗旨使命，又要参考团队的现实能力。只有这两方面相结合，才能制订出切实可行的近期目标。而近期目标是达成远期目标的路径，只有扎实完成每一个近期目标，才有可能最终达成团队的远景规划和宗旨使命。

坤福之道

> 博恩·崔西说："成功最重要的前提是知道自己究竟想要什么。成功的首要因素是制订一套明确、具体而且可以衡量的目标和计划。"在企业马拉松跨栏的过程中，每跨过一个栏以后就要看到下面一个栏在哪里，这个栏要事先设立好。一个有理想的企业，或者说一个可持续发展的企业，会有不断的目标。

避免冒进，走得远比走得快更重要

在本篇中，孙子反复阐述了战争对于国家的不利影响，

从多个不同的角度分析了用兵之害，以警告当权者切勿轻易用兵。他又认为，如果当权者没能真正看到"用兵之害"，那么他就不可能看到"用兵之利"。反过来说，如果当权者认识到了"用兵之害"，那么他也就懂得了"用兵之利"。

孙子此言看似矛盾，但其中蕴含着极为深刻的哲理。任何事物都有它的两面性，战争也不例外。一方面，长期的战争会给国家和人民带来灾难；另一方面，战争也是保护、壮大自己的一种手段。作为一国的领袖，只有深刻理解战争的弊端，才能在战争面前保持清醒的头脑，不轻易介入战争，从而使国家免受战火的煎熬；即使迫不得已加入战争，也要对战争可能带来的灾祸提前做好防范。这样，一国之主就可以将战争对自己国家造成的危害减少到最小，或者将这种危害转嫁到敌人身上，这就等同于在战争当中获得利益。孙子将这种对立统一的哲学思想运用到军事领域，可谓匠心独具！

其实，战争是一把双刃剑，它既可以给人类带来灾难，也可以有效地制止暴力。同样地，树立战略目标也是件可好可坏的事情，切合实际的目标是企业发展的助推器，盲目冒进的目标则是企业发展的杀手。企业要想避免冒进，就需要管理者先在战略目标制订上把好关：要使目标切合实际，不要让虚无的目标成为企业冒进的推手。

★★★★★

西武集团在世界上是赫赫有名的企业，它的掌门人堤义明在1987年连续两年登上《福布斯》财富榜的榜首。西武集团今天的成就，来自一个"忍"字。

堤义明的父亲、西武集团创始人堤康次郎临终

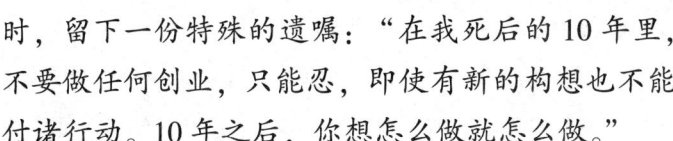

时，留下一份特殊的遗嘱："在我死后的10年里，不要做任何创业，只能忍，即使有新的构想也不能付诸行动。10年之后，你想怎么做就怎么做。"

堤义明在早稻田大学读书时，就已经是一个富有主见的年轻人。他和几位好友一起创办了早稻田大学观光会，发动学生到西武去打工，表现出了很强的企划能力和实践能力。父亲去世后，堤义明接管了西武集团。

当时，堤义明正是意气风发、血气方刚之年，很想做出一些重大事情，但他必须遵守父亲的遗训。10年间，面对很多投资机会，堤义明都忍住了大干一场的冲动。其中，放弃地产业的投资，是最不被人理解、事后又证明是最明智的行为。

当时，日本工业进入全盛时代，工商企业蓬勃发展，地价猛涨。这个时候，堤义明却做出了一项惊人的决定："西武集团退出地产界。"

整个日本的企业界都为此震惊，那时做土地投资就像印钞票啊！这时有人开始怀疑堤义明的能力，有人还开始中伤堤义明，说他只知道靠着家业生活，高层主管也对他失去了信心。

为此，公司还专门召开了一次专题会议，讨论是否投资地产业。

堤义明在会议上面对经验比他丰富、年龄比他大的高层主管，这样说："土地投资的好时机已经过去了。什么都要讲求平衡，现在大家一个劲儿地炒地皮，结果只能把正常的状态搞坏，我想，过不了多久就会出现失衡的大问题。"

他当机立断："我们公司必须得有一个明智的决定，如果全体一致同意，那事情就不妙了，全体一致的主张往往都会有毛病。现在大家都不同意我的看法，可是我知道我是对的，你们全都没有看到地产业的风雨已经来临了。这件事情我决定了，大家就照我的话去做就行了。"

分析表明，地产业的景气只能够维持几年，只有及时收手，才不会在大灾难来临的时候一败涂地。堤义明的想法不久就得到了验证，很多地产投机者陷入了困境。

到了1974年，堤义明忍够了10年，确保阵脚不乱，为他后来的全面出击打下了良好的基础。1974年之后，当其他企业还没有从地产投资失败中恢复过来时，他已经大举进入酒店业、娱乐场、棒球队等多个行业，在日本刮起了一股"堤义明旋风"。

假如有"让自己的企业成为一只兔子，还是一只乌龟"这两种选项让管理者选择，很多企业会选择做兔子，"快"几乎成了这个社会的"通行证"。

当浮躁的企业都在争做500强的时候，那些成熟的国际一流企业想的是"争活500年"。对于那些成熟企业来说，宁愿踏踏实实地做"长寿的乌龟"，也不做"速成的兔子"，因为他们深知"走得远比走得快重要"，所以他们管理企业的理念之一是：不求百强，只求百年。

中国有句古话叫"欲速则不达"。虽然加快发展是企业追求的目标，但是如果缺乏理性的态度，以浮躁的大踏步思维来揠苗助长，那就需要反思了。对每一个企业来说，其自身的成长都有独有的客观规律，必须尊重而不能超越。如果心浮气躁、盲目求快，或许可以一时声名鹊起、利涌如潮，但终会因资金实力、内部管理等因素，把企业弄得千疮百孔。因此，要想使企业在竞争中永远立于不败之地，就得扎扎实实，一步一个脚印地前进。

真正的智者都知道，成功要靠一点点地积累，一点点地悟。正如美国著名的专栏作家查理•库金先生所说："成就伟业的机会并不像急流般的尼亚加拉瀑布那样倾泻而下，而是缓慢地一点一滴。"更快只能通过更多努力实现，希望金子超过汗水的想法，有太多幻想的成分。

> 制订出务实的目标，不仅需要企业对自身的资源有着充分的了解，还需要对竞争环境有着清醒的认知，更需要对市场需求有着精准的判断。只有这样，目标才能成为动力，而不是促使企业冒进的因素。

践行成本领先战略，打造明显的竞争优势

在孙子眼里，作战是要讲究成本的，就地取材是降低成本的好方法，商业竞争也是如此。从成本对竞争结果的影响这个角度来说，商战的规则是成本越低越容易赢。

事实上，最先发动价格战的总是那些具有成本领先优势

的企业。当前我国企业普遍缺乏核心技术、创新能力不够、产品同质化程度较高，在价格竞争成为最普遍的手段的情况下，成本领先战略在赢得竞争优势方面的效果是明显的。

降低成本是企业管理者的心头大事，低成本和高效益之间并不是矛盾的，优秀的企业管理者总是能够凭借低成本获得高效益。

★★★★★

参观丰田工厂的人可以看到，这里和其他工厂一样，机器一行一行地排列着。但有的在运转，有的都没有启动，很显眼。于是，有的参观者疑惑不解："丰田公司让机器这样停着也赚钱？"

不错，机器停着也能赚钱！这是由于丰田公司创造了这样的工作方法：必须做的工作要在必要的时间去做，以避免生产过量的浪费，避免库存的浪费。

原来，不当的生产方式会造成各种各样的浪费，而浪费又是涉及提高效能、增加利润的大事。

丰田公司对浪费做了严格区分，将浪费现象分为以下7种：生产过量的浪费，窝工造成的浪费，搬运上的浪费，加工本身的浪费，库存的浪费，操作上的浪费，制成次品的浪费。

丰田公司又是怎样避免和杜绝库存浪费的呢？许多企业的管理人员都认为，库存比以前减少一半左右就无法再减了，但丰田公司就是要将库存率降为零。为了达到这一目的，丰田公司采用了一种"防范体系"。

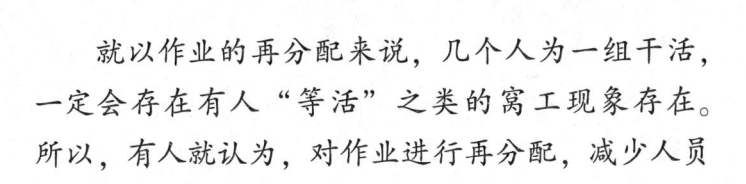

就以作业的再分配来说，几个人为一组干活，一定会存在有人"等活"之类的窝工现象存在。所以，有人就认为，对作业进行再分配，减少人员以杜绝浪费并不难。

但实际情况并非完全如此，多数浪费是隐藏的，尤其是丰田人称之为"最凶恶敌人"的生产过量的浪费。丰田人意识到，在推进提高效率缩短工时以及降低库存的活动中，关键在于设法消灭这种过量生产的浪费。

为了消除这种浪费，丰田公司采取了很多措施。以自动化设备为例，该工序的"标准手头存活量"规定是5件，如果现在手头只剩3件，那么，前一道工序便自动开始加工，加到5件为止。到了规定的5件，前一道工序便依次停止生产，制止超出需求量的加工出现。这种体系就叫作"防范体系"。在必要的时刻，一件一件地生产所需要的东西，就可以避免生产过量的浪费。

在丰田的生产方式中，不使用"运转率"一词，全部使用"开动率"，而"开动率"和"可动率"又是严格区分的。所谓"开动率"，就是在一天的规定作业时间内（假设为8小时），有几小时使用机器制造产品的比率。假设一台机器只使用4小时，那么这台机器的开动率就是50%。开动率这个名词是表示为了干活而转动的意思，倘若机器单是处于转动状态，即空转，即使整天开动，开动率也是零。

"可动率"是指在想要开动机器和设备时，机

器能按时正常转动的比率。最理想的可动率是保持在100%。为此，必须按期进行保养维修，事先排除故障。

由于汽车的产量因每月销售情况不同而有所变动，开动率当然也会随之而发生变化。如果销售情况不佳，开动率就下降；反之，如果订货很多，就要长时间加班或倒班，有时开动率为100%，有时甚至会达120%或130%。丰田完全按照订货来调配机器的开动率，将过量生产的浪费情况降到最低，就出现了即使机器不转动也能赚钱的局面。

"防范体系"使丰田实现了零库存管理，产品成本降到了最低。控制成本是企业管理者素质之一，盈利能力也是素质之一。企业管理者一定要时刻紧绷成本这根弦，想方设法"既要花得少，又要赢得多"。

洛克菲勒是美国的石油大王，他拥有巨大的财富，但他深深懂得节约的重要性。洛克菲勒经常到公司的几个单位悄悄察看，有时他会突然出现在年轻的簿记员面前，熟练地翻阅他们经营的分类账，指出浪费的问题。在视察美孚的一个包装出口工厂后，他确定用39滴焊料封5加仑油罐（而不是原先的40滴）的标准规格，也是很著名的事例。正是由于洛克菲勒始终如一地注意节约，美孚公司才取得了辉煌的成功。

> 创新是降低成本的关键。一场技术革新会大幅度降低产品成本，生产组织效率的变化也会带来成本的变化。通过创新，使企业各项资源得到更为充分的利用，产品因成本降低而具有价格优势，企业拥有了更为强大的市场竞争力。

精准把握规律，正确快速地作出决策

孙子指出，军队长期作战，会使国家经济困难或枯竭，对国家不利。作战应以万钧雷霆之势，突然行动、快速进攻、速战速决，夺取战争的胜利。

"兵贵胜，不贵久。"胜，这是指速度胜。速度之所以重要，就是因为速度就是力量。在方向、条件不变的情况下，速度与力量成正比。势速则难御。流水之所以能漂石，靠速度；飞鸟之所以能捕杀鼠兔，靠速度。有速度就可有优势。我强敌弱，速进能胜；敌强我弱，速退能存。把这一观点运用到管理中，就是提醒管理者决策时一定要迅速果断。

在日新月异的社会发展中，一个企业的管理者能否正确快速地作出决策关乎企业的进步、落后，乃至生存、灭亡。领导的决策不仅会影响员工的情绪，还会影响企业在员工心中的形象。危急时刻，如果管理者能够作出正确的决策，必将鼓舞人心，让员工们想热血沸腾地大干一场。

诺贝尔经济学奖获得者西蒙（"决策论"的提出者）指出："管理的重心在经营，经营的核心在决策！"英特尔前

任总裁格鲁夫先生当被问及"您的成功是否因为您特别聪明"时，他回答："不是的，只是我们作出了更多正确的决策。"这就是决策的魅力。

现在市场的竞争环境瞬息万变，各种信息浩如烟海，决策一旦失误，将造成严重的后果，越是庞大的经济组织，损失越是巨大。这就需要管理者能够既迅速又正确地作出决策以应对变化。

对于决策，张瑞敏说："决策即在风险中寻求机会，但并不是盲目地冒险。海尔这些年没有出现大的失误，现在回过头来看我们的决策，冒的风险也挺大，但那时我们进行了系统的分析，因此后来没有出现大的问题。另外，我们作决策时采取了一个办法，即如果条件允许的话，先拿出一个地方来做局部试验，如果成功了再推广。"

一般来说，一个企业的决策可以分为重大决策和日常决策。重大决策讲究的是准确性、科学性，应该避免领导个人拍脑袋的做法，要善于发挥集体智慧；而日常决策由于时效性强，大多比较紧迫，所以讲究的是速度，避免贻误战机，往往决策的效率比准确率更重要。

有这样一则寓言。

★★★★★

在一位老农的农田当中，多年以来横亘着一块大石头。这块石头碰断了老农的好几把犁头，还弄坏了他的耕种机。老农对此常常叹息，这巨石成了他种田时挥之不去的心病。

一天在又一把犁头被打坏之后，老农想起巨石给他带来的无尽麻烦，终于下定决心要了结这块巨石。于是，他找来撬棍伸进巨石底下。这时，他惊讶地发现，石头埋在地里并没有他想象的那么深、那么厚，稍使点劲就可以把石头撬起来，再用大锤打碎，清出地里就好了。老农脑海里闪过多年来被巨石困扰的情景，再想到本可以更早些把这桩头疼事处理掉，不禁一脸苦笑。

在这则寓言故事中，我们领悟出的道理是：遇到问题时要立即处理掉，绝不可拖延，若贻误了最佳时机，便会给自己造成更大的损失。

企业管理者的决策，关系着企业的生死存亡。在业界曾流传着很多"拍脑袋"决策失误的例子，其实"拍脑袋"并非一无是处，现在很多企业管理者仍然沿用这一简单的决策模式。事实证明，有着长期决策经验的累积和对事物的洞察力，凭直觉和判断进行决策是完全可行的。经验上的直觉与判断在提出问题、形成方案、评价与选择方案、实施方案、评估与反馈等决策环节中，都可以发挥重要作用。

另外，"拍脑袋"之所以有赢有输，主要归于竞争规律。竞争规律最突出的特点是它的变化和发展总是与竞争者的愿望相反，总是通过违背和妨碍竞争者实现自己的愿望和预期来发展自己。

所以说，要正确快速地作决策，就必须把握竞争变化的规律，首先要从自己期望的反方向去考虑它。竞争会随着企业的发展而发展，常常比企业发展的速度快。不懂得竞争发展规律，就不可能做到科学决策。

决策者要及时掌握各种信息、资料、数据，把握各种动

态，又要综合分析、判断决策方案的优劣。"没有调查就没有发言权。"所谓调查就是收集信息，收集客观的、有价值的信息。要做到信息决策，必须做到如下三点：一是尽可能多地占有信息。一个人占有的信息有限，就不如几个人的团体决策更具优势。二是要占有客观真实的信息。信息必须真实，才能为决策提供依据。有的管理者盲目听信身边的人提供的不真实信息，导致决策失误就是很典型的例子。所以管理者要懂得"兼听则明，偏听则暗"的道理。三是，要避免长时间的犹豫不决，这样不但对把握商机危害甚大，对员工的士气和团结也会造成很大伤害。

> 快速的决策过程不仅能为企业节省大量的时间，还能为有效地应对竞争环境的变化创造有利的条件。有时候，时间上的超前甚至比万无一失的正确决策更有价值。

要想获得成功，就必须从行动开始

在《作战篇》中孙子提到的"兵贵胜，不贵久"，这不仅是战略原则，而且是战术原则。

★★★★★

闻名于世的"骆驼"牌香烟，以其上佳的品质，充满神秘东方情调的"骆驼"烟标的独特设计，在竞争激烈的烟草行业中盛名不衰。"骆驼"问世至今已有100余年历史了，它已成为世界名牌香烟中的常青树。"骆驼"牌香烟的创始人是著名烟草商人——理查德·雷诺兹。

1851年,理查德·雷诺兹出生在美国。他从小就聪明好学、热爱生活,很注意观察周围的事物。雷诺兹非常喜爱吸烟,24岁那年一次偶然的机会,雷诺兹发现了许多烟民都存在的困扰。当时的烟并不是像现在的那样有制作好的成品,人们吸烟还都是自己动手用烟草来卷,制作粗劣。烟草的好坏直接影响到烟民吸烟的感受。雷诺兹强烈感受到这种手工操作的烦琐与不便,他想为何不用一种机械统一生产一种香烟呢?

经过初步的筹划,他决定在北卡罗来纳州建立一个生产香烟的小工厂。香烟工厂主要生产一种扁形品嚼香烟,由此迈开了他在烟草业创业的第一步。

起初,雷诺兹生产的香烟销量并不是很大。广大烟民一时还不能接受这种生产式的香烟,香烟的销售只能局限在一个固定的地区内。

但雷诺兹从未懈怠,时时关注着烟草行业的发展。

市场的变化迅速而又猛烈,到了20世纪初期,香烟市场已经得到了很大发展,这一领域已经是强手如云,市场的竞争异常激烈。

雷诺兹懂得,要想在烟草市场立稳脚跟,必须创造出新的独特品牌,进而才能称雄市场。知己知彼才能准确把握市场,于是,他对市场上50多种品牌的香烟做了深入、细致的研究。经过仔细的统计和分析，他发现市场上销售的香烟可以归纳为两类：一类由维吉尼亚烟草制成；另一类则由气味浓烈带有芳香的土耳其烟草制成。这两种类型的香烟各有优点和特色，都有很大的市场，那么他所制作的香烟该用哪种类型的烟草呢？

雷诺兹进行了反复尝试，终于配制出符合自己理想的新型香烟：既包含了维吉尼亚烟草的纯正、明快，又带有土耳其烟草的浓烈气味和特殊芳香，做到了兼有两种系列烟草的特色和优点。

雷诺兹对自己的新产品寄予厚望，在给香烟取名字时，他想起了土耳其之行。在那次旅行中，印象最深刻的就是沙漠中见到的骆驼，它高昂着头，一副桀骜不驯的样子，显得那样威武高贵，这就是"沙漠之舟"的风采。为了让自己的香烟在市场上获胜，睥睨群雄，还带有独特的异国风情，雷诺兹决定这种新型烟就叫"骆驼"、由此，世界上又多了一个著名的香烟品牌。

香烟的品牌名称定下来了，商标图案也有了定案，雷诺兹决定做好"骆驼"香烟的前期宣传工作，争取吸引大量的潜在顾客。

宣传攻略不久就起了成效，在激烈的市场竞争中，"骆驼牌"香烟以优良纯正的品质、与众不同的口味、新颖别致的包装和独树一帜的营销手段，获得了广大烟民的认可和喜爱，市场占有率直线上升，远远胜过其他品牌。

在"骆驼"牌香烟稳步发展的时候，第一次

世界大战爆发了，给"骆驼"牌香烟再次带来了一个销售良机。"骆驼"牌香烟作为美国军队给养的一部分，由美国士兵带到欧洲，开始走向国际市场。在第二次世界大战期间，这只"骆驼"又跟着美国军队走向世界各地的战场。

在艰苦而残酷的战争中，疲惫的美军官兵们以吸上"骆驼"牌香烟为最大的自由和快乐。于是，"骆驼"牌香烟又被人们赋予新的含义——自由。后来，雷诺兹抓住影视媒体对市场消费者的影响，利用影视广告进一步巩固"骆驼"牌香烟的市场。"骆驼"牌香烟的含义又被众多好莱坞的明星们阐释得更加深入人心。

从此以后，"骆驼"牌销路更为广阔，几乎成了美国香烟的代名词。

凡是有利于"骆驼"牌香烟生存和发展的任何机会，不论是关于营销的，还是人们思想所及，雷诺兹都会精心加以利用，绝不轻易放过。他独特的视角与魄力把"骆驼"牌香烟推向了世界烟草市场的巅峰。

成功只存在于行动中。没有行动，再好的想法也是空谈，就好比99摄氏度的水少了1摄氏度就不能沸腾。温水和开水的差别就在于这微不足道的1摄氏度。然而，这一步之遥、一度之差又总是成功与失败的分水岭。这一步，归根结底，就是行动。

一个好的主意，纵使有成百上千人听到，但真正会采取行动将其付诸实践的往往寥寥无几。你付出行动了，说不定

就能成功。英国前首相丘吉尔曾指出，虽然行动不一定会带来满意的结果，但不采取行动就绝无满意的结果可言。所以，如果你想获得成功，就必须从行动开始，成功只会存在于行动之中。

万事为之则易，不为则难。凡事都可以在行动中出现转机。目标有难有易，但只要付诸行动，那么困难的也会变得容易；不行动的话，容易的也会变得很困难。所以，从现在开始，行动吧！

当代人最缺的不是好的创意和构想，也不是能言善辩的才华，而是行动能力。一个人能否取得成功，不在于学了多少、说了多少、想了多少，而在于他做了多少。因此，说到和做到之间的距离确实可以算是最远的距离，当然也可以算是最近的距离，关键在于能不能"现在行动，马上去做"。

谋攻篇

谋而攻之，先谋后攻，谋高一筹则攻之能胜，反之，则败。然而，谋中有谋，谋有高、低之分。孙子的"上兵伐谋"给了仁人志士许多灵感和鼓动，使之成为最好的军事思想。不管是征战沙场还是角逐商场，唯"知己知彼"方能百战百胜。

原文

孙子曰：凡用兵之法：全国为上，破国次之；全军为上，破军次之；全旅为上，破旅次之；全卒为上，破卒次之；全伍为上，破伍次之。是故百战百胜，非善之善者也；不战而屈人之兵，善之善者也。

故上兵伐谋，其次伐交，其次伐兵，其下攻城。攻城之法，为不得已。修橹轒辒，具器械，三月而后成；距堙，又三月而后已。将不胜其忿而蚁附之，杀士卒三分之一，而城不拔者，此攻之灾也。

故善用兵者，屈人之兵而非战也，拔人之城而非攻也，毁人之国而非久也，必以全争于天下，故兵不顿而利可全，此谋攻之法也。

故用兵之法，十则围之，五则攻之，倍则分之，敌则能战之，少则能逃之，不若则能避之。故小敌之坚，大敌之擒也。

夫将者，国之辅也。辅周则国必强；辅隙则国必弱。

故君之所以患于军者三：不知军之不可以进，而谓之进，不知军之不可以退，而谓之退，是谓縻军；不知三军之事，而同三军之政者，则军士惑矣；不知三军之权，而同三军之任，则军士疑矣。三军既惑且疑，则诸侯之难至矣，是谓乱军引胜。

故知胜有五：知可以战与不可以战者胜，识众寡之用者胜，上下同欲者胜，以虞待不虞者胜，将能而君不御者胜。此五者，知胜之道也。

故曰：知彼知己者，百战不殆；不知彼而知己，一胜一负；不知彼不知己，每战必殆。

译文

孙子说：用兵的一般规律是：使敌人的城邑完整地向我们投降，我们不战而胜，这是上策，攻破敌人的城邑而取得胜利，这是下策；使敌人的一个军完整地向我们投降是上策，击破一个军则为下策；使敌人的一个旅完整地向我们投降是上策，击破一个旅则为下策；使敌人的一个卒完整地向我们投降是上策，击破一个卒则为下策；使敌人的一个伍完整地向我们投降是上策，击破一个伍则为下策。所以，百战百胜，不算是高明之中最高明的；不经交战而使敌人屈服，才是高明之中最高明的。

最高级的军事手段是挫败敌人的谋略，其次是挫败敌人的外交，再次是挫败敌人的军队，最低级的是攻破敌人的城邑。采用攻打城邑的方法，是出于不得已。制造楼橹与辒辒，准备飞楼、云梯等攻城器械，需花费数月才能完成；堆积用以攻城的高出城墙的土山，又要花费数月才能完成。将领无法克制自己的愤懑情绪，驱赶着士兵像蚂蚁一样爬梯攻城，死去三分之一，城邑仍未攻下来，这就是攻城的灾害。

所以善于用兵的人，使敌军屈服而不靠交战，拔取敌人的城邑而不靠硬攻，毁灭敌人的国家而不靠持久作战，一定要以全胜为策略与天下诸侯竞争，所以不使军队受挫便能保全利益，这就是以智谋攻敌的方法。

所以用兵的规律是，兵力十倍于敌军就包围它，兵力五倍于敌军就进攻它，兵力两倍于敌军就分散敌人兵力，兵力与敌军相等就要能设奇兵打它，兵力少于敌军就要能避开它，兵力弱于敌军就要能逃避它。所以实力弱小的军队如果固执硬拼，就会被强大的敌人擒获。

将领是国君的辅佐。辅佐周密，国家就必定强大，辅佐稍有失误，国家就必定变弱。

国君对军队造成危害的情况有三种：不了解军队不可以进攻，却硬要军队进攻，不了解军队不可以退却，却硬要军队退却，这叫作束缚军队；不了解军队的事务，却干涉军队的行政管理，就会使将士感到迷惑；不了解军队行动应机动灵活，却干涉军队的指挥，就会使将士产生怀疑。将士既迷惑又怀疑，那么诸侯各国趁机进犯的灾难也就降临了，这叫作扰乱自己的军队，丧失胜利而自取覆亡。

可从以下五种情况预测战争胜负：知道可以作战或不可以作战的，能够取胜；懂得兵力多时该如何用兵，兵力少时该如何用兵的，能够取胜；全军上下同心同德的，能够取胜；以自己的有准备对付敌人无准备的，能够取胜；将领有治军能力，而国君能不干预其指挥的，能够取胜。这五条，是预测战争胜负的方法。

所以说，如果既了解敌人，又了解自己，那么每次作战都不会有危险；如果不了解敌人，只了解自己，那么就胜负不定，有可能打胜，也有可能打败；如果不了解敌人，也不了解自己，那么每次作战必定失败。

读解心得

《谋攻篇》是《孙子兵法》之精髓，在中国历史上被屡屡运用，都取得了非常好的效果。如果"不战而全胜"是战略目标，那么"避实击虚"就是达到这个目标的关键。企业在市场竞争中也正是这样，集中公司的有利资源来攻击竞争对手的致命弱点，就会获得成功。

现代企业之间的竞争，从表面上看也许是经济实力的竞争，看谁的资金雄厚、设备先进。但从深层次来说，这种竞争实际上是经营谋略的竞争，是经营智慧的较量。在双方资金力量旗鼓相当时，你的谋略比对手巧妙，你的智慧比对方高超，你才能最终取胜。这正是本篇所讲的："上兵伐谋，其次伐交，其次伐兵，其下攻城。"

商例活用

实施目标管理，促使经济效益增加

在孙子眼里，发动战争必然要劳民伤财，即使是全胜，也不足以喜；不动一刀一枪，能够获得全胜，才是高明之举。就企业经营而言，我们要注重目标的效益。

决策的成败是以能否实现目标作为衡量标准的。没有确定的目标，就无法对决策的实施实行控制，也无法对决策的科学程度进行衡量。随着目标的实现，企业的经济效益增加，从而在经济指标上反映出目标的价值。

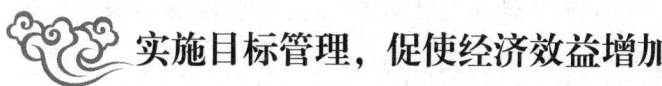

1911年，有两支雄心勃勃的探险队要完成一项艰巨而伟大的任务，就是踏上南极，成为登上南极第一人！

一支探险队的领队是挪威籍的探险家罗尔德·阿蒙森。队伍出发前，阿蒙森仔细研究了南极的地质、地貌、气象等问题，还细致地研究了爱斯基摩人以及极地旅行者的生存经验。于是，他制订出一个最佳的行动策略：使用狗拉雪橇运送一切装备与

食物，为了与之相匹配，在队员选择上，他们将滑雪专家和驱狗师吸纳进队伍。

为了完成到达南极这一伟大目标，阿蒙森将目标分解为一个个小目标：每天只用6小时前进15~20英里，大部分工作皆由狗来完成。这样人与狗都有足够的时间来休息，以迎接第二天新的旅程。

除此之外，领队阿蒙森事先沿着旅程的路线，选定合适的地方储存大量补给品，这些准备将减轻队伍的负荷。同时，他还为每个队员提供了最完善的装备。阿蒙森对旅途中可能发生的每一种状况或问题进行了分析，依此设计了周全的计划与预备方案。

这些有备无患的措施，使他们在向南极的挺进过程中，即使遇到了问题也能很顺利地解决。最终，他们成功地实现了自己的夙愿，第一个将挪威的国旗插在了南极。

几乎同期进发的另一支探险队是由英国籍的罗伯特·斯科特所率领。这支队伍采取了与阿蒙森截然不同的做法：他们不用狗拉雪橇，而是采用机械动力的雪橇及马匹。结果，旅程开始不到五天，发动机就无法发动，马匹也维持不下去了，当他们勉强前进到南极山区时，马匹便被统统杀掉。所有探险队员只好背负起沉重的雪橇，艰难地行进。

在队员的装备上，斯科特也考虑不周，队员的衣服设计不够暖和，每个人都长了冻疮，每天早上队员们都要花费近一小时的工夫，将肿胀溃烂的脚塞进长筒靴中。太阳镜品质太差，使得每个队员的眼睛被雪的反射光刺伤。更糟的是，粮食及饮水也不足，每个队员在整个行程中几乎处于半饥饿状态。

斯科特选择的储备站之间相距甚远，储备不足，标志不清楚，使他们每次都要花费大量的时间去寻找。更要命的是，原计划四个人的队伍，斯科特临出发时又增添了一人，粮食供应便更加不足。

这支探险队在饥饿、寒冷、疲惫甚至绝望中，花费了10个星期走完了800英里的艰辛旅程，精疲力竭地抵达了南极。当他们到达南极时，挪威的国旗早在一个多月前便在此飘扬了。不幸的是，所有队员在顶着凛冽的寒风回程中，不是病死了、冻死了，就是被暴风雪卷走了。这支探险队最终全军覆灭。

行动策略是实现团队目标的具体行动指导和路径，当团队的目标方向制定后，就应制定行动策略，否则目标方向就成为空中楼阁，可望而不可即。另外，一个团队的行动如果没有策略进行指导，就犹如一艘迷失方向的航船，任何方向的大风对它来说都是逆风。因而，唯有制订行动策略，团队才能向自己的目标方向前行，团队成员才能明确哪些该做，哪些不该做，从而提高团队上下的办事效率。

需要注意的是，团队行动策略的制订需要全体成员的共同参与，以及对目标的理解和全面系统的积极思考。没有全员的高度参与和对目标的清晰理解，将会使行动策略的接受度和执行性大打折扣；而系统全面的积极思考，又会使行动策略更有效、更可行、更具有持续价值。另外，行动策略必须具有科学性和可行性，必须能使目标产生效益，没有可行性的行动策略等于零。

当人们发现自己面对众多没有轻重缓急可言的目标时，往往会不知所云、不知所措，当然执行起来也就无从下手。因此，一个管理者，只有在提出明确集中的目标时，才能使执行者将人力、物力集中于一点，从而将诸多目标各个击破。

拥有了人才，企业的发展才有保证

孙子把深知用兵之道的将帅看作民众生死的掌握者，国家安危的主宰。自古千军易得，一将难求，贤能之将"得之国强，去之国亡"。在这里，孙子竭力宣扬将帅的地位和作用，所谓"将者，国之辅也"。这样就把将帅的地位和作用提高到不仅关系战争胜负，而且事关民众生死、国家安危存亡的战略高度上。

同样地，左右企业命运的不是管理者本人，而是企业内部是否有足够多的人才。

一个时期以来，我国经济领域流行这样一个口号："时间就是金钱，效率就是生命，信息就是资源，人才就是资本。"20世纪30年代初，美国深感知识、人才的重要性，除在本国加速人才培养外，还大量地从国外引进科技人才。

这些人才对美国科技和经济的发展起了决定性的作用，最终使美国成为世界头号经济强国。第二次世界大战后，日本能够在一片废墟上使经济迅速腾飞，重要的原因就是自明治维新开始就重视人才的培养。实践证明，凡是在竞争中立于不败之地的企业，肯定都拥有一批出色的技术人才和管理人才。因此，现代经营者必须有强烈的求才欲望。

从另一方面讲，所谓人才，是指依靠创造性劳动做出较大贡献或具有较大贡献"潜力"的人，是人群中的精华。这样的人自然不多，往往淹没在广大的人群之中，要发现他并不容易。特别是在现代化大生产条件下，社会分工精细，许多人才往往潜心于研究、学习，不善于交往，不引人注意。一部分在某方面造诣很深的人，不喜欢抛头露面、炫耀自己，还有一部分人才恃才傲物，不轻易附和，不趋炎附势，甚至对经营者敬而远之。上述的各种表现确实是不可避免的客观存在，因此经营者若不进行深入调查、求访，人才是不会轻易被发现的。

人才资源是使公司能有效运转的最关键因素，是公司重要的资产。无数企业因人才而兴，又因人才而败。这就给了所有管理者一个启示——欲兴业，先聚才。

★★★★★

亨利·福特一世在提出"要使汽车大众化"的宏伟目标时，就清楚单凭他自己一个人不可能实现这样的宏愿。于是，在他第三次创办汽车公司时，聘请了管理专家詹姆斯·库兹恩斯出任经理，他通过深入、细致的市场调查，为福特公司设计了第一条汽车装配流水线，把劳动生产率提高了80

倍，也让福特成了"汽车大王"。可是，当福特被冠以"汽车大王"的称号后，却被胜利冲昏了头脑，变得自以为是，独断专行。他开始排斥不同意见，并宣称"要清扫掉挡道的老鼠"。为此，他先后清除了一大批为公司做出过重要贡献的关键人物，包括被称为"世界推销冠军"的霍普金斯，有"技术三魔"美称的詹姆，"机床专家"摩尔根，传送带组装的创始人克郎和艾夫利，"生产专家"努森，"法律智囊"拉索，以及公司的司库兼副总裁克林根、史密斯等。

经过福特这一系列的行动，福特公司内最优秀的生产、技术管理等方面的专家全部被赶走了，这使得福特公司立即失去了昔日的活力，也导致公司慢慢走向了衰落。当福特二世接手时，福特公司每月的亏损已经达到了900多万美元。这就是不肯接纳人才的恶果。

当福特二世接手公司后，他吸取了福特一世的经验教训，不惜高价聘请了号称"神童""蓝血十杰"的"桑顿小组"——第二次世界大战时期美国空军的后勤管理小组；又任用原通用汽车公司的副总裁欧内斯特·布里奇负责福特公司的工作。布里奇精于成本分析，他又给福特公司带来了通用汽车公司的几名高级管理人员。在这些人才的努力下，福特公司进行了一系列改革，这让公司重新焕发了生机，利润也连年上升，并推出了一种外形美观、价格合理、操作方便、适用广泛的"野马"

轿车，创下了福特新车首年销售量的最高纪录，把"福特王国"又一次推向了事业的高峰。

但是好景不长，后来的福特二世也走上了他父亲的老路，不仅专断拒谏，甚至嫉贤妒能，布里奇、麦克纳马拉等人才也被迫离开了福特公司，其又以突然袭击的手段解雇了艾柯卡等三位经理，又一次使福特公司陷入困境。最终福特二世不得不辞掉了公司董事长的职务，结束了福特家族77年对福特公司的统治。

福特公司的两次兴盛，证实了这个"欲兴业，先聚才"的道理，没有大批人才的辅助，福特公司根本无法取得如今的成绩。福特公司的成功，源自起用优秀的人才，而它的失败亦是因为不肯接纳人才。管理者应该清楚，无论企业兴衰，人才都是不可缺少的。拥有了人才，企业的发展才有保证，竞争才能取得优势，否则只有失败一条路可走。

现代商业的竞争，无论是技术竞争、市场竞争、信息竞争还是资源竞争，说到底都是人才的竞争。要想在激烈的市场竞争中求生存、图发展，广泛地拥有各方面的人才是至关重要的。

识别有才能的员工，赋予他们恰当的权力

"将能而君不御者胜"这句话的核心思想是要求管理者

充分放权，不要对被管理者不放心。

在社会分工日益精细的今天，企业的管理也变得越来越复杂，它不仅需要管理者自身具备全面的知识和能力，同时要想真正实现领导的优质高效，一个不容忽视的要点就是授权。

授权即管理者给予组织内的个体以主动行动的权力，这种行动必须能代表整个企业的利益。授权，能够将企业的公共事务细分到每一个成员身上，这样做的好处就是使特定的人与特定的任务相对应，将为企业工作的观念转化成为自己工作和为完成自己的任务而工作的观念，使每一个员工都能自主地做好自己的工作。

授权所授予的不仅仅是权力，同时也是责任。权力和责任的下放和分化，意味着原来没有决定权和主动权的员工可以根据实际情况做出判断和决定，而不需要等到领导做出指示就自主采取措施应对各种挑战。通过授权可以建立起一个更加灵活、更有适应力的组织结构，同时也可以节省开支、创造新的工作方法，甚至开拓新的市场。

★★★★★

查雪尔精神康复之家的创办人里欧纳德·查雪尔，在创办了这个机构四年后得了重病，必须住院、开刀，并要在疗养院中休息一段很长的时间。但是没有了他的领导，康复之家并没有陷入混乱，反而发展得更好，甚至比他本人在时还要出色。而这也减轻了他的压力，他不用再为了琐碎的例行公事而奔忙，反而可以把大把时间用于巡察各地的康复之家，这也让他更有效率了。

而康复之家在没有了查雪尔的"干涉"后，其管理委员会也能够按他们自己的方式去进行管理。虽然，他们的方式与查雪尔不尽相同，他也多次想去纠正他们，但是很快他就发现由于各地风土人情的不同，他们的做法更适合当地的情况，更有针对性。于是，查雪尔开始认同他们的方式，他终于明白了授权的重要性——由于他不再事事干涉，管理机构反而可以遵循着一种特殊的行事方式并形成了一套准则，在实践中很有弹性地去运用它，进而发展出同中有异的工作方式，能够更准确、迅速地完成任务。

如今，查雪尔的康复之家已经由2家扩展到了200多家，分布在全世界45个国家。但不可思议的是，统筹管理这些分店的一共只有25个人，其中绝大多数是特别问题的专家顾问，这种充分授权的管理方式对于推动康复之家的发展起着十分重要的作用。

把权力授予员工并不会削弱管理者的权力，相反会大大增加他的权力。管理者最主要的职责是做重大决策，而不是所有的事都要插手，把时间和精力浪费在可以交予别人的小事上。在这一点上，"汽车大王"亨利·福特就给我们做了榜样，他十分善于识别员工的才能，同时也十分注意招揽人才，并根据他们的特点提供其施展才能的机会。

在零配件设计方面，埃姆及他领导的设计团队

发挥了至关重要的作用。埃姆不仅专业技艺精湛，而且善于管理，在他的身边聚集了许多精兵强将：摩根那号称公司的"千里眼"，他负责的是采购工作，因为他有一种鉴赏机器设备的超常能力，只要到竞争对手的供应厂上看一下，就可以弄懂新设备的制作工艺，然后将结果报告给埃姆，不久以后仿造或是被改进的机器设备就出现在福特的汽车厂里了。芬德雷特则是一名出色的"侦察兵"，他经常跑到公司以外的部件供应厂，估算对方的生产成本，一旦判断出哪种产品要涨价，他就建议福特马上中断同那家部件供应厂的订货，再根据自己的描述自行生产制造这一设备。"检验员"韦德罗则是一位精明强干的机器设备检验专家，他的职责是向埃姆汇报自动机床试车情况。正是在这群有才干的助手的帮助下，埃姆领导的设计团队为福特汽车的发展做出了很大贡献。他们发明的新式自动专用机床，其中的自动多维钢钻，可以从四个方向同时工作，只需几分钟就可以在汽缸缸体上钻出45个孔，这是当时世界上公认的最先进的设备，而埃姆个人也被公认为是在汽车工业革命方面贡献最大的人。

在企业经营管理方面，库兹恩斯则是优秀人才的一个代表。库兹恩斯对汽车业的经营有着丰富经验，他聪明能干，善于交际，处事果断，而且精力充沛，工作热忱，雄心勃勃。福特公司正是在他的帮助下，在各地建立起了行销点，形成了完善的行销网络。

此外，推动福特公司登上事业巅峰的T型车是在威利斯和哈夫的帮助下设计完成的，广告设计师佩尔蒂埃的天才创意进一步促进了T型汽车的市场销售。福特公司为人们所津津乐道的世界一流的汽车流水装配线，是在索伦森、马丁和努森的努力下建成的，他们还改革了福特公司陈旧的装配技术和工序，提高了生产效率，进一步降低了成本。

正是在这些人才的共同努力下，福特汽车的面貌焕然一新，全美几乎所有千人以上的小镇都至少有一家福特汽车的代销点，汽车的销售情况也十分喜人。虽然福特汽车制造厂不断刷新自己保持的汽车制造纪录，但仍然有大批的订单使其供不应求。

人才都是渴望获得较大表现空间的人，授权可以营造出一种信任，使人才相信，他们正处在企业的中心而不是外围，他们所做的一切都是有意义、有价值的。由此，他们的潜能就会被激发出来，勇于承担责任并在一种积极向上的氛围中工作。这种工作氛围将会使他们对公司产生信赖和归属感，从而表现出极高的忠诚度。

管理者一个重要的任务就是找出那些最适合的人并赋予他们恰当的权力，让他们可以尽情施展，为企业发展贡献力量。一个帮助所有员工找到最适合他的岗位的企业，必定是秩序井然并有强大竞争力的，而实现这一切就是管理者的职责。

坤福之道

> 每个员工的能力、性格都是不同的,他们对工作的适应能力也各异,因此管理者应该识别那些有能力的员工,找到最适合工作的人并赋予他权力。只有这样,才能有效提高企业的生产效率,增强企业竞争力。

突破观念的桎梏,建立起现代企业制度

孙子根据战场上局势的不同,提出了不同的应对之策。将这种思维方式应用到企业管理上,我们能够得到的启示是:管理制度应因企业而异。也就是说,管理者要根据企业的实际情况,制定出最适合的一套制度来。

★★★★★

江苏有一家大型的家电制造厂,为了严格要求员工,提高工作效率,厂里有这样一条规定:员工如果延迟交货,一律征收违约金。

在一次生产过程中,因线路老旧问题,造成了火灾,当时大家正在赶制的一批货物也因此遭受了损失,没能按时交货。单位在对此事进行处理的时候,按照规定,是要收取员工们大量违约金的。但是,单位的领导在了解了事情的来龙去脉后,认为这件事的责任并不在员工个人,因此不能按照规定进行处罚。

后来,领导还召集公司的其他负责人,商讨公司关于延期交货的规定。根据实际情况,在生产过

程中，耽误员工交货有很多其他方面非人为的原因，因此制度的制定也应该按照实际情况来，不能不近人情、墨守成规。

最终，这个单位将违约分为不同的情况，根据不同情况，实行不同的管理方法。这项制度的改变让员工们感觉到了公司的人性化管理，内心也觉得公平了很多。为此，大家更加齐心合力，为公司创造了更大的效益。

制度不是永久不变的，需要随着客观环境的变化而变化。尤其是一些家族企业，其管理者应该突破观念的桎梏，建立起现代企业制度。

福特汽车公司作为一家典型的家族企业，从1903年创办至今，依然保持着强大的竞争力和生命力，它的一些做法值得我们关注和借鉴。

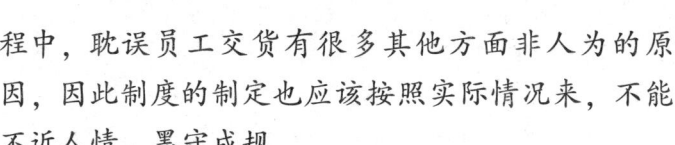

福特公司的创始人亨利·福特不仅以其发明和制造福特汽车而驰名世界，更以其"大众化"的价值观而彪炳史册。"要让芸芸众生都能买得起、用得上汽车，并将它作为日常交通工具。"这是老福特制造第一辆车时的出发点和根本宗旨。

一般来说，随着家族企业规模的不断扩大，家族成员的智慧和能力都会深感不足，必须向社会广招贤士能人，才能进一步发展。至20世纪30年代，福特汽车占世界产量的一半。这样的发展速度

和规模,不搞社会化、专业化、区域化乃至全球化显然是不行的。

在亨利·福特二世掌权时,公司起用了数百名专业人士,这些人在企业管理、财务会计、人事制度、发展规划、运营战略和市场销售上都表现出良好的素质和业绩,被誉为"亨利的副官们"。福特公司的管理从此走上了专业化、制度化、社会化的轨道。

1956年,福特公司上市,这标志着福特走上了新的历程。既然上市集资,公司就成为公众公司,不再是纯粹的家族企业,所有权发生了变化,福特已为家族和公众共同拥有。把公司办好、办强,保护广大股东的利益,是福特公司的基本原则。

福特家族在董事会成员中的比例也在不断下降,董事会除了三名家族成员和聘任一位CEO外,其余10名成员是从社会各界聘请的著名管理者、金融家、科学家等专家学者担任独立董事。比尔·福特说,公司的经营和重要决策由CEO全权负责,他协助管理公司的长远规划和发展方向。

家族企业向现代企业迈进,其适用的企业制度因时、因地而异。其实,不同行业、不同规模、不同发展阶段和不同背景的企业各有适合自己情况的企业制度,没有普遍适用的标准模式。福特家族企业公众化、社会化的做法为我们提供了一些有益的启示。

建立完善的制度是企业进行现代化管理所必需做出的选择。但是，保证制度的实际效果是管理者必须认真考虑的问题。其中一个重要指标是制度与市场是否接轨，是否能够促进企业产出效益。

> 企业的根本任务是盈利，能够促进效益产生的制度就是好制度，否则就是摆设，就是形式，毫无价值可言。所以，制度是否适合，不是靠管理者的感觉来评判，而是靠企业的经济指标来评判。

充分发挥自我优势，找到锐利的进攻之矛

"知彼知己，百战不殆；不知彼而知己一胜一负；不知彼，不知己，每战必殆。"知己而获胜的主要原因是了解自己的长处和优势，从而发挥长处、集中优势兵力战胜敌人。对于企业管理者而言，知己之长，能够使自己找到锐利的进攻之矛。

作为企业管理者，在商业竞争中应该把主要精力放在自己的优势上，而不是花费精力来补短处。对于企业不太擅长的领域，应尽量避免花费力气，因为要从"不太胜任"进步到"马马虎虎"，其中所花费的力气和功夫，要远多于从"一流表现"提升到"卓越优秀"。

★★★★★

1981年，通用电气旗下仅有照明、发动机和电力3个事业部在市场上保持领先地位。2001年，

杰克·韦尔奇退休时，通用电气已有12个事业部在各自的市场上数一数二。如果它们能单独排名的话，那么通用电气至少有9个事业部能入选500强企业之列。这是杰克·韦尔奇推行"数一数二"战略的辉煌成果。

1981年，杰克·韦尔奇上任后，开始不断向投资者和下属宣传他的"数一数二"经营战略。他认为，未来商战的赢家将是这样一些公司："能够洞察到那些真正有前途的行业并加入其中，坚持要在自己进入的每一个行业里做到数一数二的位置——无论是在精干、高效，还是成本控制、全球化经营等方面都是数一数二……20世纪80年代的这些公司和管理者如果不这么做，不管是出于什么原因——传统、情感或者自身的管理缺陷——在1990年将不会出现在人们面前。"

"数一数二"战略开始的时候并不被人们所理解。在20世纪80年代，企业只要有盈利就足够了。至于对业务方向进行调整，放弃那些利润低、增长缓慢的业务，转入高利润、高增长的行业，这在当时根本不是人们优先考虑的事情。当时无论是资产规模还是股票市值，通用电气都是美国排名前10的大公司，它是美国人心目中的偶像，整个公司内外没有一个人能感觉到危机的到来。

但当时美国的市场正被日本一个一个地蚕食掉：收音机、照相机、电视机、钢铁、轮船以及汽车，通用很多制造业务的利润已经开始萎缩。

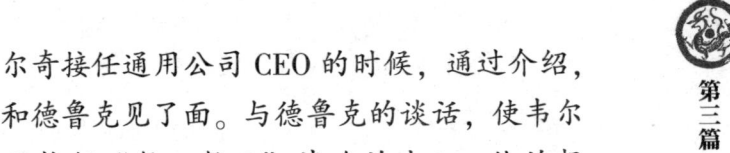

韦尔奇接任通用公司 CEO 的时候，通过介绍，韦尔奇和德鲁克见了面。与德鲁克的谈话，使韦尔奇下定了推行"数一数二"战略的决心。他的想法非常简单明了：一项业务必须做到"数一数二"，否则就"整顿、出售，或者关闭"。韦尔奇对"数一数二"战略的诠释是："当你是市场中的第四或第五的时候，老大打一个喷嚏，你就会染上肺炎。当你是老大的时候，你就能掌握自己的命运，你后面的公司在困难时期将不得不兼并重组。"

在最初的两年里，通用出售了 71 项业务和生产线，回笼了 5 亿多美元的资金。尤其是中央空调业务的出售，在通用员工中引起了非常大的心理震动。韦尔奇认识到：把通用的弱势业务转给行业优势企业，两者合并在一起，这对任何人都是一个双赢的结局。特兰尼在空调行业中占据领先位置，合并后，原通用空调部门的人员一下子成了赢家中的一员。

"数一数二"战略使通用公司很快摆脱困境，走向成功。这种战略体现的正是发现自我优势的思维方式，企业管理者应该从韦尔奇的做法中获得宝贵的启示和经验。

企业了解自己的方法不在企业内部，而在企业之外。管理学大师德鲁克说，企业应该不停地调查顾客：在我们为您提供的服务中，有哪些是其他企业所没有的？虽然并不是所有的顾客都知道答案，而且他们的答案也可能让人摸不着头

脑,但这些答案会暗示企业管理者该从哪个方向寻找答案。

★★★★★

柯达公司在彩色感光技术上的成就曾经无与伦比。很多观察家认为,其成功的关键是重视新产品研制,而新产品研制成功就取决于该公司采取的反复市场调查方式。

以蝶式相机问世之前的市场调查为例。首先由市场调查部门汇总消费者意见,这些意见包括大多数用户认为最理想的照相机是怎样的,重量和尺码多大是最适合,什么样的胶卷最便于安装使用等。市场调查部门将这些信息反馈给设计部门,设计部门据此设计出理想的相机模型,之后提交给生产部门对照设备能力、零件配套、生产成本和技术力量等因素考虑是否投产。如果不行,就要退出重订和修改。如此反复,直到制造出样机。

样机制造出来后开始进行多次市场调查,以此来彻底弄清样机和消费者期望之间的差距,根据消费者的反馈,对样机加以改进,直至大多数消费者都认可为止。新产品生产出来后,再交给市场开拓部门进一步调查:新产品有何优缺点,适合哪些人用,市场潜在销售量有多大,定什么样的价格才能符合多数家庭购买力。待诸类问题调查清楚后,正式打出柯达牌投产。因为经过反复调查,蝶式相机一经推向市场便大受欢迎。

相反地,国内某啤酒企业向美国出口的啤酒原料和工艺都是一流的,酒色清亮,泡沫细密、纯

净,喝到嘴里更是醇和可口,跟国外啤酒相比,一点也不逊色。但令人奇怪的是,这种啤酒运到美国以后,一点也不受欢迎,严重滞销。

公司的领导很着急,高薪聘请了一家市场调查公司进行市场调研分析。分析结果显示,问题出在了啤酒的包装上。美国人崇尚个性,喜欢自由,而这家公司在瓶身上印刷的广告语却是"人人都爱喝的啤酒"——正因为人人都爱喝,所以个性的美国人都不愿意选择。同时,酒瓶的质量很差,颜色暗淡,看上去很不上档次。

公司领导根据调查公司的建议,将广告语换成"喝不喝,随你",期望这句个性十足的广告语引起啤酒爱好者的关注;与此同时,采用具有五种色彩、颜色鲜亮的瓶子。3个月之后,该公司向美国的出口量已经由每月10万箱增加到60万箱。显然,包装的变化,使其获得了成功。

市场调查的对象是消费者,而企业的利润全部由他们支付——任何消费者都是挑剔的,他们一定会在多种选择中购买他们认为最好的产品。市场调查的根本目的就是找到消费者对产品的期望和评判标准,企业可以根据这些信息进行产品设计和推广,从而在市场竞争中甩开对手,成为消费者的第一选择。

市场调查不是形式,而是企业保持正确航道发展、寻找企业核心能力和优势的重要方法。企业管理者不要轻易、自大地认为企业的优势是什么,而应该让消费者来说出企业的优势是什么。最了解企业优势和长处的人是消费者。企业要想找到锐利的进攻之矛,就需要和消费者密切接触,从消费者口中得出自身的突出优势到底是什么。

数学家阿基米德曾经说过:"给我一个支点,我就能撬动地球。"对于企业而言,撬动市场的支点是什么?就是找到自己的优势,找到自己最擅长的业务领域,充分发挥自己的长处,这样才能将市场撬起来,将企业的利润滚动起来。

第四篇
军形篇

修道保法、因利制权是《军形篇》的精髓。在战争中强调"修道而保法",战则胜之,不胜则守。善用兵者,总是先创造优胜的条件,善于运用攻防策略,以"先胜"为基础,取胜于无形。

原文

孙子曰：昔之善战者，先为不可胜，以待敌之可胜。不可胜在己，可胜在敌。故善战者，能为不可胜，不能使敌之必可胜。故曰：胜可知，而不可为。

不可胜者，守也；可胜者，攻也。守则不足，攻则有余。善守者藏于九地之下，善攻者动于九天之上，故能自保而全胜也。

见胜不过众人之所知，非善之善者也；战胜而天下曰善，非善之善者也。故举秋毫不为多力，见日月不为明目，闻雷霆不为聪耳。古之所谓善战者，胜于易胜者也。故善战者之胜也，无智名，无勇功，故其战胜不忒。不忒者，其所措必胜，胜已败者也。故善战者，立于不败之地，而不失敌之败也。是故胜兵先胜而后求战，败兵先战而后求胜。善用兵者，修道而保法，故能为胜败之政。

兵法：一曰度，二曰量，三曰数，四曰称，五曰胜。地生度，度生量，量生数，数生称，称生胜。故胜兵若以镒称铢，败兵若以铢称镒。

胜者之战民也，若决积水于千仞之溪者，形也。

译文

孙子说：过去擅长打仗的将帅，首先做到实力强大而不被敌人战胜，其次等待战胜敌人的时机。不被敌人战胜的关键在于自己不犯错误，能够战胜敌人的关键在于敌人是否出错。所以擅长打仗的将帅，能做到不被敌人战胜，却不能使敌人必然被战胜。所以，若我军实力强大，胜利是可以预知的，但若仅凭实力强大而敌人却无隙可乘，就不一定能战胜敌人。

不能战胜敌人，就要采取防御；可以战胜敌人，就要采取进攻。采取防御是由于实力不足，采取进攻是由于实力强大。善于防御的人，将其实力隐蔽得如同藏于深不可测的地下；善于进攻的人，把其兵力调动得如同从云霄之上从天而降，所以既能保护自己，又能取得完全的胜利。

预见胜利时没有超过一般人的见识，这不算是高明中最高明的；通过争锋力战取得胜利，一般人都说好，这也不算高明中最高明的。所以一个人能举起秋毫不能说他力气大，能看见日月不能说他视力好，能听见雷霆之声不能说他听力好。古代所说的善于打仗的人，是在容易战胜敌人的情况下取胜的。所以善于打仗的人打了胜仗，既没有智慧的名声，也没有勇武的战功，所以他们能取得作战胜利，而不会有差错。之所以不会有差错，是因为他们的作战安排能够保证必胜，能够战胜已经陷于失败境地的敌人。善于打仗的人，首先要让自己立于不败之地，而后不失去任何一个击败敌人的机会。所以胜利的军队总是先具备战胜敌人的实力，而后才与敌人决战；失败的军队却总是先冒险与敌决战，而后期盼侥幸取胜。善于用兵的人，须研究兵家之道，确保必胜的法度，才能成为战争胜负的主宰。

根据用兵之法，战前的物质准备要掌握以下五大指标：一是度量土地面积；二是计量物产收成；三是计算兵员多寡；四是衡量实力状况；五是预测胜负情状。一个国家的土地质量，决定了它的耕地面积的多少；一个国家的耕地面积，决定了它的粮食收成的情况；一个国家的粮食收成，决定了它的兵员数量的多寡；一个国家的兵员数量，决定了它

的实力的大小；一个国家的实力大小，决定了它能否在战争中取胜。胜利军队的实力，较之于失败军队的实力，其优势之突出就像拿镒与铢比较一样；失败军队的实力，较之于胜利军队的实力，其劣势之明显就像拿铢与镒比较一样。

军事实力绝对优势的一方，其将领指挥士卒作战，其威慑力就像从八千尺高的山涧上决开积水一样无法抵挡，这就是"形"的含义。

读解心得

本篇的要点是"先"，即先为不可胜，以待敌之可胜。显然，孙子十分注重战前的准备工作，一定要先搞好自己的国家和队伍的建设搞好。

努力创造对敌的胜势，才能通过实战把胜势转变为胜果，这与他的慎战原则是不谋而合的。"夫未战而庙算胜者，得算多也"，讲述的也是这样的道理。

商场如战场，那些曾经辉煌一时的企业，在一夜之间土崩瓦解，其主要原因是基础不牢，扩张的速度太快，管理团队、现金流等各方面都跟不上，最后只能是崩盘。要想做一家优秀的企业，一定要从实际出发，实事求是，有计划地进行发展。

如何才能控制竞争的进程使自己立于不败之地呢？首先，要做好自己的事情，不给对手任何可乘之机。其次，等待时机，寻找对手的漏洞。如果对手没有犯错误，那就想方设法给他制造犯错的机会。

不可胜是一种实力，可胜在敌就是一种机会。在实力和机会之间，要取得平衡，如果把握不好机会很容易变成陷阱，实力不够就可能让自己落后。

| 商例活用 |

 **行动之前考虑周全，最后方能稳操胜券**

孙子说："不可胜者，守也；可胜者，攻也。"从目标制定的角度理解，孙子的这句话带来的管理启示是：目标制定一定要务实，攻或守都要依据现实情况而定。

管理者应该不断用新的思想和新的方法，，以及自己的胸有大志去教育和引导下属。但是，一个胸有大志的管理者在制定组织目标时，切不可掺杂过多个人情感因素，不可想入非非。

人们工作，养家糊口只不过是最低需求，每个人都期望事业发展并由此给组织中每个成员带来精神上和物质上的收获。恐怕没有人愿意在一个没有思想、没有方向的组织里长期待下去。同样地，每个管理者更需要有远大的理想。李·艾柯卡在做汽车推销员的时候，就将自己的目标定位到全世界，他要使人们得到最好的服务。这种世界观所铸就的品格在组织中的具体表现就是管理者凝聚组织内部各阶层的能力与魅力。

凡是策划谋略，就要以利害得失作为度量的准绳。凡事有利必有害、有得必有失，不能只看到利而看不到害，只看到得而看不到失。所以，在"因革损益"的时候，必须方方面面都考虑到，从而有"圆通周备"的措施。不然，就会顾此失彼，难以达到目的了。

生意场上许多时候必须冒险，要赚大钱常常还要冒大风险。比如，大着胆子投资一桩生意，这笔钱投下去，

究竟是带来大笔的进账，还是血本无归，总是很难预先清清楚楚地知道，通常等到最后才能见分晓。有时即使你作了周密的论证，认为不会出太大的问题，但实际运作起来，结果却完全不是想象的那么回事。人们常常用战场比喻商场，把冒险投资比喻为"押宝"，就在于它们之间确实是十分相似。战场、商场，它们都是瞬息万变、险象环生且吉凶难卜的，偶一疏忽往往就会满盘皆输，而且一桩生意的疏忽常常不仅仅是一桩生意的失败，而是牵一发而动全身，导致全面崩溃。

所以，一个在商战中纵横搏杀的人，既要胆大还要心细，必须时刻注意提醒自己，要谋而后动，"想停当了再动手"。

商事运作中，起码下列问题是一定要预先想停当的。

市场情况及其前景判断是否完备并且可靠；自我实力及其极限的估价是否恰当并且准确；具体运作过程中的关键环节的谋划和调度是否周全并具有可行性；对于可能出现的意外情况是否有足够的预见以及相应的应对方案；最坏结果出现时的补救措施及其有效性。

如果这些问题"想停当"了，自然也就不妨大胆动手了。

　　事情在于谋划，不谋不立。有条件要上，没条件创造条件也要上。客观环境不利于我们，我们就应该发挥主观能动性，改变不利于我们的因素，创造有利于我们的条件。庸人和能人的区别往往就在于对客观环境的态度上。

胆识决定目标的高度，也决定成就的高度

孙子说："见胜不过众人之所知，非善之善者也。"言外之意，真正的成功是要获得别人意想不到的胜利。对于企业管理者而言，要想成功，就需要有胆识。

一位哲人说过：一个真正伟大的人或企业首先要有强大的内心，当心灵强大了，便没有什么可以阻挡。而内心的强大，也许可以理解为是一种自信，但更重要的，或者说更难以做到的是屡战屡败后还能屡败屡战。其实我们需要的就是这种不惧磨难的坚强心态。

成功的高度取决于目标的高度，而目标的制定取决于管理者的胆识。具有卓越的胆识，这是作为一个管理者应该具备的基本素质之一，也是管理者获得非凡成就的基础和条件。事业的发展靠的就是胆识，没有胆识，事业就会停滞不前。胆识不仅决定了目标的高度，也决定着成就的高度。

★★★★★

1997年李书福开始造汽车的时候，中国的汽车市场已经被大众、通用、标致、丰田这样的跨国巨头蚕食鲸吞，根本没有国产自主品牌的立足之地。1991年11月25日，中国硕果仅存的国产轿车——上海轿车宣告停产。

李书福不甘心中国汽车市场被外资企业蚕食。1997年，他不顾亲友反对，决意投资5亿元资金进军汽车行业，并抛出"汽车不过就是四个轮子加沙

发"的疯话。1996年,李书福改装两辆奔驰造车的故事在当地更是引起轰动,甚至有人去问他这两台改装车的价格。

李书福要打造一家百年汽车公司,要让吉利的车走遍全世界,而不是让外国车走遍全中国。为了实现他的造车梦,他说,那你就给我一次跳楼的机会吧,由此可见他对自己梦想的执着。

"蚂蚁要避免与大象正面竞争,我可以制造那些大企业认为利润少、不想制造的产品。"李书福是有策略的,他分析过,中国汽车工业发展近20年,从夏利到大众,从广州标致到别克、雅阁,从低档到高档,排量越造越高,级别也越造越高,价格更是越来越贵。

对于普通老百姓来说,他们需要三四万元价位的车,因为他们口袋里只有那么多钱,买不起十几万元的车。"我的售价也就三四万元,只要成本比别人低,质量比别人好,价格比别人低,薄利多销,我就会有机会。而中国恰恰有这样一块市场没人去开发。"

李书福胸有成竹,一方面,他认为自己的企业经过近20年的发展,已经培养起来一大批高级专家、实用型管理人才,他们在控制成本、加速技术进步、提高质量上有着丰富的经验。现在他造小客车,也是在为3~5年后进入轿车市场积累资金和技术。

李书福认为,汽车制造厂与国内汽车巨头、国际老牌公司相比,就像刚出生的婴儿,体内没有脂肪堆积。那些老牌公司时间长了，体内堆积了厚厚的脂肪，成本就高了。自己的产品质量不比别人差，但价格可以比别人更低，这就是自己的优势。对于这一点他很自信。他深知那些大企业不愿意生产这种利润极薄的经济型轿车，这就为吉利的生产留出了空间。

李书福正在将自己的梦想一步步地变为现实。无论时空如何转换、环境如何变迁，这位中国民营汽车业的先驱人物，始终坚守着自己的梦想。经过十余年的发展，他领导的吉利集团连续进入"中国企业500强"和"中国汽车行业10强"，被评为首批国家"创新型企业"和首批"国家汽车整车出口基地企业"，是"中国汽车工业50年发展速度快、成长好"的企业。

李书福不是那种用商学院里的教科书可以定义的管理者，有许多人说他是"汽车疯子"。其实"疯子"是一种精神、一种战略，更是卓越胆识的体现。正是这样的"疯子"精神，不仅让竞争对手和业界折服，也让许多年轻人视李书福为榜样和传奇。

> 管理者的信念会最终成为团队的核心价值观，他们的美好愿望终将成为大家共同追求的目标。只要相信自己，保持坚韧不拔的信念，就有可能实现在他人看来不可能实现的梦想。

目标不是空洞的规划，而是符合规律的决策

孙子说："昔之善战者，先为不可胜，以待敌之可胜。"意思是说，善于作战的人先要做到不被敌人战胜，然后伺机战胜敌人。与获取胜利相比，避免失败的目标更容易执行。虽然《孙子兵法》通篇都是在讲如何获得全胜，但这句话极其务实地揭示了目标制定的首要准则——目标必须是可以执行的。

管理大师德鲁克说，目标必须是作业性的，即必须能够转化为具体的小目标和具体的工作安排；目标必须能够成为工作的基础和获得工作成就的激励；目标是工作的具体安排。

★★★★★

海尔，作为连续18年入选"世界品牌500强"，是从一个"废墟"上发展起来的民族企业。仅用了短短20年的时间，就从强手如林的竞争环境中脱颖而出，率先实现了中国企业进军世界级品牌的梦想。海尔用自身的发展历程，描述了一个中国品牌被国际市场认可的神话。

"海尔在20多年的时间里，能够比较健康、快速地发展，主要靠的是创新精神。海尔价值观的核心就是创新，世界名牌就是我们的目标。"海尔集团创始人张瑞敏如是说。

回顾海尔的品牌发展历程，从1984年到1991年是其第一阶段。海尔当时的主打产品是冰箱，希望通过冰箱这个载体，做好海尔这个品牌。在这个环节中，海尔紧紧抓住质量与服务来满足消费者的需求，力求全胜。在这个阶段，有一个广为人知的故事，就是1985年的"砸冰箱"事件，在张瑞敏的带领下，海尔一共砸了76台质量不合格的冰箱。在许多海尔人看来，那锤子不仅砸在冰箱上，更砸在了海尔人的心里。

第二个阶段从1992年到1998年，是海尔多元化战略阶段，主要走的是兼并重组的道路。海尔先后以"吃休克鱼"为理论根据，兼并了18家亏损企业，其中海尔主要投入的是企业文化。在这个阶段，海尔走的不是"东方不亮西方亮"的路子，而是要求"东方亮了再亮西方"，将一个行业做深、做透，再去做另一个行业。

而这之后至今的第三阶段，海尔全面进入国际化战略阶段。海尔希望将自己的竞争力、整合资源的能力扩展到全球各地，从企业的国际化转变成为一个国际化的企业。

海尔创立国际品牌之路，总的原则是先有市场后有工厂，先播种再扎根方能开花结果。海尔在海外市场大多先以缝隙产品进入，在取得当地大连锁的认可后，就可以得到很多订单，通过订单可以实现制作、销售、设计三位一体，从而从单纯产品输出过渡到品牌输出。

张瑞敏认为，品牌的建设发展离不开企业文化。海尔文化最外层是物质文化，再往里是制度文

化，最核心的是价值观，海尔的价值观是创新，创新就要形成一个氛围，使每个人都具有这种文化。

兼并青岛红星电器和安徽黄山电视机厂之后，海尔是用海尔的文化和海尔的管理模式把这两个企业盘活，并纳入了哈佛大学的MBA教学案例，这是第一家被写入哈佛大学案例的中国企业。

发展一批跨国大企业、大集团，打造一批世界级的品牌，是这个时代的需要，是振兴民族经济的需要，也是增强核心竞争力、国际竞争力的迫切要求。海尔的实践证明，创造世界品牌并非遥不可及。只要我们不怕困难、坚持开拓、不断创新，就一定会实现创造世界名牌的目标。

在组建团队之初，必须明确"团队为什么存在"，描述团队使命，让每一个成员明白团队存在的意义。

通常情况下，团队的使命源于组织的要求，因此可以通过理顺组织对新建团队的要求或明晰上级领导对新建团队的要求，与团队所有成员进行充分的沟通交流，从而确定团队的使命。然后，可以根据团队使命来制订团队目标。团队的目标必须服从组织的目标，但团队可以根据具体情况确立自己的目标，而且目标的设定必须遵循总体要求，具体来说，主要有如下几个方面。

总体要求一：清晰、明确。

对于团队而言，一个时期的战略目标必须是清晰、明确的。只有这样，才能让团队成员明确努力的方向，才能对他们产生巨大的激励作用，从而保证团队能始终朝着既定的目标前进。

总体要求二：实事求是。

在制订具体目标时必须了解自身的能力，目标设定过高易成为空话或口号，固然不切实际，但目标也不可定得太低。因此，设定团队目标应该从实际出发，使目标源于实际的同时又高于实际，做到适时适度。

总体要求三：达成共识。

团队目标的制订不能一厢情愿地单凭领导的意志行事，而应该与队员进行讨论并就目标方向达成共识。也就是说，应该把团队的目标灌输给团队成员并取得共识，而不是简单地把目标强加于团队成员。离开了共识，就会面临团队成员的目标方向与团队的目标方向相分裂。只有上下达成一致的目标，才是高效团队的第一出发点。

总之，作为团队的管理者，如果疏于制定明确的目标和计划，那将是严重的失职。企业的战略目标不应是空洞的策划、规划，而应该是符合企业发展规律和满足企业利益的科学决策。假如我们单凭战略的理论和所谓案例去发展企业，一切都是纸上谈兵，最终将落得一败涂地的下场。

战略目标不能只停留在企业愿景的阶段，更不能只停留在宏伟事业层面。企业目标更关注的是"如何能做到"，因此要具备五个明确的要素，即要有明确的可衡量标准、项目负责人、考评标准、考核时间和考评人。只有当企业目标具备了以上五个要素后，才有可能执行，否则一切都是海市蜃楼。

打造卓越的核心竞争力，公司才能长盛不衰

战争的两种基本形式是攻与守，目的都是保存自己，消灭敌人。但是，在许多情况下，敌人的兵力、物力或敌人所拥有的天时、地利往往要强于己方，己方不被消灭就不错了，奢谈战胜强敌，谈何容易！

孙子认为：在这种情况下，首先要积极创造条件，积蓄作战实力，使自己立于不败之地，这是战胜敌人的客观基础。然后，在这个基础上寻找战机，以弱制强。这样，战争的主动权才会掌握在自己的手中，取得胜利才更有把握。

对于企业而言，要想获得商业竞争的最终胜利，就要使自己更加出色。成就来自卓越，任何平庸都不能换来经济回报。伟大的企业或产品必定在某一方面甚至多方面超越对手。

★★★★★

2005年以前，美的微波炉和紫微光微波炉、蒸汽紫微光微波炉等一样，试图通过产品功能创新为自己觅得一条不一样的道路，但在格兰仕的攻击下，难有进展。直到获得国家专利的"食神蒸霸"问世，美的微波炉拥有了"蒸"的功能。"食神蒸霸"可以做诸如剁椒鱼头、清蒸大闸蟹之类的传统蒸菜，打破了此前微波炉的局限，不再只是加热工具。

自微波炉发明以来，一直横亘于行业面前的最大难题是，用微波炉直接加热的食物脱水严重，营养流失严重，口感也不好。而"食神蒸霸"的成功推出，解决了这个问题。用微波炉蒸菜，无明火，无油烟，解决了厨房清洁难题，还可以实现智能化控制，而且与明火蒸食物相比，最大限度地减少了用户的烹饪时间。此后，美的微波炉走上了提升价值、共享价值链的道路，不断通过技术改进赋予产品甚至整个行业新的价值。

2007年5月，"美的微波炉美食节"开展，美的微波炉的普通员工使用美的微波炉做出了八大菜系的近百道菜肴。正是凭借"蒸"的功能所创造的创新价值，美的微波炉从价格战中冲杀出来。高强度的理念引导和品牌宣传，令美的微波炉取得了销量大突破。

只有出色才能超越对手，才能获得市场的青睐。所有的消费者都是理性的，他们总是希望获得最优的产品。劳斯莱斯的成功在于它"精益求精"的理念，这种理念就是企业的核心竞争力。每个公司都应该具有其他公司无法超越甚至无法企及的核心竞争力，唯有如此，公司才能长盛不衰。

1904年劳斯莱斯汽车正式问世，它的制造者是英国的亨利·莱斯和查理·劳斯。当时有很多人都说，莱斯是个技术狂，这一点儿也不假。因为，他在制作每一部车时都如同在创作一件艺术品，即使是小到一颗螺丝，他也不采用全自动化生产的方式，而是亲自精雕细刻。对于车身的底盘、引擎，他还根据订货人的爱好，选择制造方式。

这种精益求精的结果是，每一部劳斯莱斯汽车都具有坚固、耐用、无故障，几乎听不到噪声、觉不出晃动的特点。无论哪一型号的劳斯莱斯，以每小时100千米的速度行驶时，放在水箱上的银币可以长时间不被振动下来。当坐在车子里时，你听不到马达声，只听到车内钟表上的分针、秒针的轻微移动声。因此，这种车被公认为世界上最优良的汽车，拥有它的人都会感到一种自豪和荣耀。

在英国皇家汽车俱乐部监督下的苏格兰汽车性能评审会上，经过伦敦到格拉斯哥之间1.5万英里的路程测试以后，劳斯莱斯以领先三天的时间获胜。经过评审，它的零件损耗费仅为3.70英镑，轮胎磨损及汽油的消耗平均1英里大约4便士。尽管在此之前劳斯莱斯早已名声在外，但经过此次评审，公众更为劳斯莱斯的精益求精精神所折服，毫不吝啬地将"世界第一"这种无上荣誉给予了劳斯莱斯汽车。

★★★★★

核心竞争力于企业，犹如心脏于人，非常重要，是决定企业生死的关键。一个人如果具有强于别人的核心优势，他就可以做到出类拔萃，企业也是如此。企业要在同行业中居于龙头地位，就要具备同行业其他企业根本无法仿效，或是远不能及的优势。

★★★★★

美国一家公司对世界近万名消费者的抽样调查显示，"奔驰"牌汽车位列"世界十大名牌"之

首。究其经营的诀窍，也是"先为不可胜"——质量、款式保你满意。奔驰公司的广告说："如果有人发现奔驰车发生故障，中途抛锚，我们将赠送1万美元。"根据奔驰公司负责人的介绍，实现高质量有两个基础：一是要有一支技术熟练的职工队伍；二是要有对产品部件严格的检查制度。

奔驰公司具备无处不在的售后服务。如果车辆在途中发生意外故障，只要就近向维修站打个电话，维修站就会派人来修理或把车拉到附近的维修站修理。

另外，奔驰汽车安全、节能在同行业中也处于领先地位。1953年奔驰公司装配车辆使用承载式焊接结构，既美观又安全；接着又研制出"安全客舱"，可以保证载客的内舱在发生交通事故时不会被挤瘪。在每一部奔驰轿车上，从车身到驾驶室，有136个零部件是为安全服务的。可靠的质量、完善的服务、安全的性能，使奔驰牌汽车处于"先为不可胜"的地位，在世界各地保持旺盛的销势。

坤福之道

商品营销要做到"先为不可胜"，就要有先进的工艺、高质量的产品、低廉的价格、热情周到的服务等。有了这些条件，其他企业就无法与之竞争，从而就可以立于不败之地。

建立忧患思维，才能更好应对危机的发生

明代杰出军事家戚继光说过："大战之道有三：有算定战，有舍命战，有糊涂战。"所谓"算定战"，实际上也就是"先胜后战"，是指在作战之前预计主客观条件，充分做好战争准备然后投入战斗。至于"舍命战""糊涂战"就只能归入"先战而后求胜"的"败兵"之列了。

战争中，凡事预则立，不预则废，经营管理同样如此。有人曾说过，"21世纪，没有危机感是最大的危机"。危机是普遍的，危机是客观的，如果管理者意识不到危机，危机就会由潜到显，由小到大，愈演愈烈，最后酿成灾难性后果。

很多企业的失败都是由于缺乏危机感导致的，如果管理者在成功时就有点"危机意识"，那么很多经营困难、周转不灵、濒临倒闭的情况就会被扼杀在摇篮里，更不会造成毁灭性的危机。

★★★★★

电脑界的蓝色巨人IBM当年的"惨败"就是一个生动的实例。当大型电脑为IBM带来丰厚利润时，整个IBM都沉浸在成功的喜悦氛围中，危机感尽失。但是，市场环境是在一天天变化的，大型电脑也逐渐被淘汰，更轻便、更便宜的小型电脑开始浮出了水面，越来越多人开始青睐小型电脑。但是，IBM却对市场出现的新情况不予理睬，麻木不仁，没有意识到可能发生的危机，依然沉醉于大型主机电脑铸就的辉煌中，最终让自己陷入了困境，在很长一段时间里一蹶不振。

★★★★★

因此，在成功时充满了危机感，虽然在世人的眼里未免有些"杞人忧天"，但这对一个管理者来说是绝对必要的。这并不是什么庸人自扰，而是企业发展壮大的前瞻性眼光，是成功的管理者与普通的管理者最显著的差别之一。

★★★★★

在中国，有一家企业很特别，曾经天天喊"狼来了"。这家企业就是华为。《华为基本法》中说："成功并不总是引导我们走向未来的可靠向导。"2000年，成立13年的华为到达巅峰时刻，当年销售额达220亿元，利润达29亿元，居全国电子百强之首。但是，谁也没有想到，任正非却石破天惊地发表了《华为的冬天》。2001年，任正非在赴日本考察回国后又发表了《北国之春》一文，继续传播他的危机意识。任正非曾坦言："10年来，我天天思考的都是失败，对成功视而不见，也没有什么荣誉感、自豪感，而是充满危机感，也许这样才存活了10年。"任正非指出，企业没有经历大磨难、大挫折是一个大弱点，存在巨大的隐患；只有强烈的危机感才能防止悲剧的真实上演。他认为，只有经历九死一生还能做得很好的企业，才能叫成功。所以，任正非一直说华为没有成功，只有成长。天天喊"狼来了"的华为，自己却变成了世界上最凶猛的"狼"之一。

★★★★★

稻盛和夫指出，作决策要乐观构思、悲观计划。也就是战略上要藐视敌人，战术上要重视敌人。任何创新的事业，没有先例，一定会遭到很多人的反对。这时，企业家一定要敢想敢为，有强烈的成功欲望，让想象的翅膀自由飞翔，描绘出未来的蓝图。但是，将构思落实到具体计划时，就应该慎重、细致、周密，需要设想各种可能出现的困难和风险，并制订出相应的对策。不相信目标的人活不下来，相信很快能实现目标的人也活不下来。真正能活下来的人，是坚信未来但又对眼前的困境有充分准备的人。

《左传》中说："居安思危，思则有备，有备无患。"如何做到"有备"？决策时一定要尽可能考虑到各种不利因素，以及不可预见的风险，即使是小概率事件，也不能轻易放过。针对这些不利因素制订出相应的预案。预案不一定采用，但一定要有。这就像汽车的备胎、飞机的备用电源，一旦需要，立即启用。举世闻名的美国阿波罗登月飞行计划，就有13次校正的机会，一旦出现故障就立即采取应对方案。

史玉柱曾透露，他在决策任何一个项目时，都会做最坏的打算，都会先估算一下，如果发生亏损，损失超过他净资产的三分之一，那么，再大的诱惑他也会放弃。因此，他保证了珠海巨人的悲剧不再重演。

杰出的企业领导者正因为凡事从最坏处打算，时刻提防可能发生的危险，因而总能在几乎不可能的情况下取得胜利。这一点是他们成功的基本要素。德鲁克说："管理做得好的企业，总是让人感到单调乏味，缺乏激动人心的事情发生。这是因为，凡是可能引发危机的事情都早已被预见，并被转化成了例行工作。"真正的企业领导者会创造虚拟的危机并使其消于无形，而不是坐等真正危机的到来。

坤福之道

> 老子说："慎终如始，则无败事。"格鲁夫说："惧者生存。"企业家没有危机感，就是企业最大的危机。优秀的企业领导者懂得在信念与事实之间达到平衡的重要性，一方面必须坚信自己能够获得最后的胜利，另一方面又必须面对现实中最严酷的事实。

第五篇
兵势篇

　　孙子在《兵势篇》中强调"以正合,以奇胜"。"正"是情理之中,而"奇"是意料之外,"正"与"奇"有机地结合起来,就会形成势不可当的"兵势"。战场或商场,没有新奇的战术和战略,就不可能取得完全的胜利。

原文

孙子曰：凡治众如治寡，分数是也；斗众如斗寡，形名是也；三军之众，可使必受敌而无败者，奇正是也；兵之所加，如以碬投卵者，虚实是也。

凡战者，以正合，以奇胜。故善出奇者，无穷如天地，不竭如江海。终而复始，日月是也；死而复生，四时是也。声不过五，五声之变，不可胜听也。色不过五，五色之变，不可胜观也。味不过五，五味之变，不可胜尝也。战势不过奇正，奇正之变，不可胜穷也。奇正相生，如循环之无端，孰能穷之哉？

激水之疾，至于漂石者，势也；鸷鸟之疾，至于毁折者，节也。故善战者，其势险，其节短。势如扩弩，节如发机。纷纷纭纭，斗乱而不可乱；浑浑沌沌，形圆而不可败。乱生于治，怯生于勇，弱生于强。治乱，数也；勇怯，势也；强弱，形也。

故善动敌者，形之，敌必从之；予之，敌必取之。以利动之，以卒待之。故善战者，求之于势，不责于人，故能择人而任势。任势者，其战人也，如转木石。木石之性，安则静，危则动，方则止，圆则行。故善战人之势，如转圆石于千仞之山者，势也。

译文

孙子说：凡是管理大部队如同管理小部队一样容易的，那是因为组织编制的问题处理得好；凡是指挥大部队如同指挥小部队一样容易的，那是因为通信手段使用得好；凡是指挥三军，可使部队做到即使遭遇敌人攻击也不会失败的，那

是因为奇正战术运用得好；凡是军队进攻的效果如同石头砸鸡蛋一样的，那是因为虚实原则使用得当。

凡是作战，总是以正兵抵挡敌人，以奇兵取胜。因此，善于出奇制胜的将帅，其战法既像苍天大地一样无穷无尽，又像长江黄河一样奔流不息。结束了又重新开始，就像日月的出没；死亡了又重生，就像春夏秋冬四季的更替。声音不过五种，然而五声的变化却多得听不过来。颜色不过五种，然而五色的变化却多得看不过来。滋味不过五种，然而五味的变化却多得尝不过来。兵力部署与作战方式不过奇与正两种，然而奇与正的变化却是无穷无尽的。奇与正的相互转化，就像圆环一样无始无终，谁能够穷尽它呢？

湍急的河水快速流动，产生的作用力使河床上的石头漂浮起来所形成的态势，这就是"势"的含义；猛禽在较短距离内突然加速发起进攻，捕获到了猎物，这就是"节"的含义。所以善于指挥作战的将帅，所造成的态势是险峻有力的，向敌人发起进攻的距离是较短的。势就像弓弩拉满后的状态，节就像在较短距离内瞄准敌人触发弩机。战场上看起来混乱不堪，但在混乱中作战却能做到章法有序；战场上看起来形势不明、错综复杂，却能做到自如地应对各种情况而不被敌人打败。示敌混乱，实则组织严整；示敌怯懦，实则英勇无畏；示敌弱小，实则实力强大。严整或混乱的军队管理，取决于它的组织编制水平；勇敢或怯弱的军人士气，取决于战场上的态势；强大或弱小的战斗力量，取决于军队的实力。

善于调动敌人的将帅，制造假象迷惑敌人，敌人必定信从；给敌人一点儿好处，敌人必定接受而将空虚薄弱之处暴

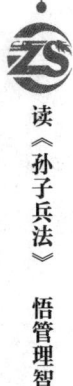

露出来。用利益调动敌人，以士卒守候敌人。所以善于作战的将帅，总是只求于势，而不求于人，所以能放弃人而依靠势。依靠势的将帅，他们指挥士卒作战就像转动木头和石头。木头和石头的特性是平放就静止不动，倾斜着放就会滚动，方形的会保持静止的形态，圆形的就会滚动行进。善于指挥作战的将领所造成的态势，就像转动圆石，让它从8,000尺的高山上滚下来一样，这就是势的含义。

读解心得

孙子在《兵势篇》中指出巧妙利用有利的态势，来确保战争的胜利。孙子把"势"建立在致力夺取战争的胜利上，他既重视客观物质条件的辅助，又重视人的主观能动作用。然而，"势"归根结底是要人来创造和掌控的，因而选择合适的人才、利用好有利的形势和资源是其思想的核心。

何为"择人"？怎样"择人"？孙子在兵法中提出了自己的看法与观点。

所谓"择人"，就是选拔人才，在战争中就是要选拔优秀的将帅和士兵。孙子经常强调将帅在战争中的显著作用，指出"知兵之将，生民之司命，国家安危之主也"；"兵无选锋，曰北"。可见，战争中选择将帅和士兵的重要性。在商业竞争中也要选择优秀的管理人才、营销人员，才能决策有方，提高效益。

另外，现代企业要提高竞争力必须大力提倡实行体制创新、管理创新，但更重要和更根本的则是思维方式的创新、思想观念的创新。思想观念不转变，即使机遇站到你面前，你也只会视而不见，坐失良机。这正是"以奇制胜"的先决条件。

商例活用

根据形势和任务的需要，选用恰当的人才

孙子说："故善战者，求之于势，不责于人，故能择人而任势。任势者，其战人也，如转木石。"能选择适当人才，并善于利用态势的人，指挥士兵作战就如同转动木头和石头，另一方面要了解木石（士兵）的特性，一方面要依据客观环境条件（态势），充分加以利用。

所谓择人任势，一般来说，择人是为了任势，而任势则要择人。具体言之，就是根据战争形势和任务的需要选用恰当的人才。

俗话说："没有无用的人才，只有不会用人的领导。"纵观古今中外，有作为的管理者无一不是用人之长者。尼克松是位有战略头脑的政治家，尤其在用人方面，他充分地表现出了"择人而任势"的智慧。

★★★★★

1968年12月2日，尼克松当选为第37届美国总统，随后，他任命基辛格担任"总统国家安全事务助理"一职。基辛格首先提醒总统，20世纪70年代与50年代不同之处，就在于世界已由"两极"向"多极"演化，他建议美国重新调整敌、我、友关系。

基辛格认为，在对"北大西洋公约"各国伙伴问题上，要改变以前那种由美国"单独承担一切

责任"和"统一指挥"的方式,就必须建立一种具有政治创造力的全新秩序,实行划分打击目标的"明智联盟"政策;在对苏联关系上,尽管苏联是美国的一贯对手,但是时代不同了,通过谈判是可能达到一定程度的合作和规定冲突的"绝对极限"的。基辛格的上述建议,对尼克松产生了重大影响,以至于在后来的对华关系和苏美和谈上迈出了历史性的一步。当初在尼克松上台时,困扰他最大的问题莫过于越南战争。而在这个问题上,基辛格很早就有研究,他的回答也十分明确:通过谈判,撤回军队,结束战争。尼克松采纳了这一建议,终于解决了棘手的越南战争问题。

作为尼克松的高级幕僚,基辛格不仅是一位足智多谋的国际战略策划者,同时也是一个精明干练的战略实践家。作为顾问、智囊,他审时度势,深谋远虑,运筹于白宫之内,施展于千里之外;作为助手、使者,他忠贞不渝,献身其职,周旋于美国朝野,活跃在世界各地。美苏和谈,他纵横捭阖;中美建交,他牵线搭桥;巴黎谈判,他以强制胜;中东危机,他以柔克刚……在当代国际的大舞台上,为美国和尼克松政府演出了一幕幕具有时代意义的话剧。

由于尼克松大胆起用了劲敌人物基辛格,而基辛格的"国际"级的谋略思想,使尼克松在任总统期间政绩卓著。实际细细想来,尼克松任总统时期成就的几件大事主要是其用对了人的缘故。可以说，如果没有尼克松的提携，基辛格的谋略思想就不会在国际政治舞台上如此淋漓尽致地发挥出来，起码在当时不能；同样地，如果没有基辛格的谋划和具体实施，尼克松在任总统期间的政绩也不会如此卓著。他们二人可以说是配合默契，相得益彰。

尼克松的用人哲学，就是孙子"择人任势"智慧的翻版。美国著名经济学家霍吉兹指出：《孙子兵法》"揭示的许多原理原则，至今犹颠扑不破，仍有其运用价值"。古老的兵法在现代社会中闪耀着迷人的光彩。现代高层管理者，尤其要懂得择人任势的要义。

由于每个人所受教育、经历、心路历程各不相同，因而会形成不同的风格。择人任势，是一种独特的感觉，一种内在的评价，而不是一种理论，更不是一套体系。择人任势，不能靠思辨去阐释，而只能在实践中去体悟。有的人有治乱的本领，有的人有守成的专长，有的人有大刀阔斧的魄力，有的人有润物细无声的功力。什么样的人，在什么样的时点，适应于哪一个岗位，都需要对势有正确的判断。

另外，一个人在自己感兴趣的领域里工作，其能力可以得到最大程度发挥。让一个人从事其感兴趣的工作不需要对他要求太多他就能做得很好，甚至给他更多的任务他也愿意，因为他所从事的是他热爱的事业。尤其是对于刚毕业的年轻人来说，根据其性格和兴趣合理地安排工作职位会有很好的效果。对他们来说，工作的成就感和技能的提升远大于金钱和物质上的奖励，因此可以给他们更多的任务和更多的尝试机会。

坤福之道

> 一个有活力的组织，任职一定是能上能下的。一些重要的位置不能只在现任犯了不可饶恕的错误时才换人，而是要在现任不能引导组织向着积极方向发展时，就果断换人。岗位的合理流动，有助于保持思维的清新与鲜活。

审时度势出奇谋，商场竞争才能建奇功

奇和正是我国古代的军事术语，所谓"正"，是指指挥作战所运用的"常法"；所谓"奇"，是指指挥作战所运用的"变法"。例如，从正面进攻为"正"，从侧、后袭击为"奇"；又如，常规的指挥原则和方法为"正"，随机应变、慧心独创的指挥原则和方法为"奇"。

正兵合战，出奇制胜，二者互相依赖，互相配合。在战争中，体现于进攻一方，则有正面钳制，侧后迂回；两翼配合，中间突破；声东而击西；示形于此而主攻于彼等。体现于防御一方，则有正面抗击，"先为不可胜"与"攻其所必救""釜底抽薪"配合；阻其多路与围歼一路配合等。

以作战目的而言，"以正合"服务于"以奇胜"。就手段而言，明于"正"而暗于"奇"，二者为"伐谋"与"伐兵"的结合。

出奇，历来为古今中外兵家制胜之道。当今的管理者要想在激烈的市场竞争中稳操胜券，也得巧出奇谋。奇，是指超出常识、常规、常法之外，给人以不凡、独到之感，即别

人未能想到的他能想到，别人未曾涉足的他先涉足。成功的管理者往往都善于突破思维常规，创新观念，拿出奇招。

众所周知，麦当劳和肯德基是快餐业的代表，它们连锁经营的模式历来为饮食业所称道。然而，我们却很少看到中餐馆连锁经营成功的案例，难道是中国的饮食不如西方吗？当然不是，关键是我们的企业缺少创新思维，缺少资源整合意识。

国内餐饮企业谭鱼头能独树一帜，把一个火锅店打造成行业的引领者，其老总谭长安运用创新思维改造传统行业的做法，值得管理者思索。

★★★★★

1996年，谭鱼头火锅店成立。因为做工精细、味道鲜美，所以餐厅门庭若市，天天爆满，门口经常有几十个人排队等位置。

此时，一件意想不到的事引起了谭长安的注意：由于每天用餐的人太多，客人经常要等很长时间。一天，有个客人等了两个小时还没有排到，他很生气，当时就叫来了谭鱼头的管理者谭长安。不管谭长安怎么解释，怎么道歉，那个客人还是怒火中烧，气急之下，抬手就给谭长安一拳头。

然而，那一拳头不但没有让谭长安恼羞成怒，反而让他开始了深刻反省。他想，为什么那个客人会那么愤怒呢？是因为等了太长时间，而导致客人等待时间长的主要原因是上菜速度慢，因为餐厅采用手工写菜单传菜，效率很低。

想到这，谭长安萌生了求变的念头。常言

道,"变则通,通则久",要由餐饮业的"小虾米"转变为"鲸鱼",首先必须提高效率。经过一番研究,谭长安开始在自己的各个连锁店建设IT系统。

IT系统的操作流程是:餐厅使用POS机点菜,后台厨房的打印机同步提交顾客的点菜信息,库存管理员根据点菜系统中的物料消耗随时补货,财务系统根据点菜系统和结账系统的数据对每天的销售状况进行精确统计。

这样,从前台点菜到厨房准备,再到给顾客上菜的时间都可以用系统记录下来。哪些菜必须在几分钟内提交给顾客,谭长安根据难易程度提出具体要求,如果执行不到位,服务员、店堂经理就要受罚。

谭鱼头改变了餐饮的粗放式管理,实现了精细化。谭长安说:"从传统管理到数码管理的转变是因为企业需要,企业长大了,管理也必须随之变化。不是我们想要这么做,是市场要求我们这么做。"谭长安直面现实,谋求变革并获得了成功。

近年来,谭鱼头餐饮公司快速发展,谭长安决定走向国际市场,而走出国门、走向世界的一个重要前提就是实现"数码火锅"的企业目标。谭鱼头选择了IBM作为自己的主要合作伙伴,充分吸收了IBM在国际餐饮领域的系统建设经验,希望在IBM的协助下,实现"数码火锅"的梦想。

★★★★★

在 IT 应用非常落后的传统餐饮行业里，谭鱼头不仅独树一帜地最先开始 IT 建设，而且选择了与 IBM 携手。通过与国际最知名的 IT 公司紧密结合，谭鱼头迅速成长为行业的引领者。

可见，将"奇正之术"运用到商业上，可以成为管理者们制胜的法宝。出奇的产品、出奇的广告、出奇的销售方针、出奇的管理措施都是管理者们获取成功的。

> 客观事物是在不断变化的，因此观念也要随之改变，唯有变，才能获得发展机会。观念决定了行为方式，如果我们把"墨守成规"的行为方式变为"解放思想"，将会发现很多创新的机会。而要想不断创新，就需要管理者时时发动观念的革命，消除过时的思维，吸收新颖的想法，以观念的变革带动企业的变革。

始终保持变革创新，为企业带来持续发展

一个优秀的军事家应活用奇正之术，变化奇正之法，以奇击虚，出奇制胜。在孙子来看，善于出奇制胜，将帅的战法就像天地那样变化无穷，像江河那样川流不息，像五音变化那样听不胜听，像五色变化那样看不胜看，像五味变化那样尝不胜尝，永远立于不败之地。

对于现代企业运营而言，所谓"奇"，就是创新。创新是企业活力的源泉，是企业兴盛不衰的要诀。世界上任何一家大企业，无一不是在变化创新中稳步发展的。

★★★★★

美国捷运公司就是一个以创新求生存的典型。20世纪初,美国邮政局实施了竞争性包裹邮递制度,垄断了所有的货物特快专递业务,这对货运行业造成了巨大影响,美国捷运公司的利润因此骤减了50%。在这种状况下,捷运公司不得不寻找新的利润增长点来维持公司的生存发展。

公司的调查人员发现,随着美国邮政局业务的扩大,邮政汇款单日益受到欢迎,这为捷运公司提供了一个很好的转变企业发展方向的思路。针对这种情况,捷运公司发明了自己的汇款单。这种"联邦捷运汇单"一经推出就取得了意想不到的成功,仅仅半年时间就卖出了11959张。这一成功使捷运公司信心倍增,他们果断地抓住了这一机遇,迅速扩大汇单的销售区域,从其办事处扩大到火车站和杂货店,销量也因此进一步上升。此时,捷运公司不再是一家单一的运输公司,开始涉足金融服务领域,公司也从破产的危险中脱身,实现了新的利润。

一次,捷运公司总裁费格到欧洲去度假,他发现,在欧洲人们无法将自己的信用证兑换成现金,这使他又一次发现了改变公司经营路线的重大机遇。费格一回到公司就召开会议,直截了当地说明自己的想法:"在这次旅行中我遇到许多麻烦,我的信用卡兑换不了现金。我觉得,如果美国捷运公司的总裁都遇到这样的麻烦,那么普通游客的难处就更大了。因此,我们必须采取措施加以处理才行。"后来，捷运公司通过一个简便的方法解决了这个问题，他们发行了一种专门用于旅行的支票，所有信用卡的持有者只要在购物时签个字或在兑换现金时复签一下，就可拿到现金，这就是后来流行于全世界的"美国捷运旅行支票"。这项创新，使美国捷运公司的收益大增。因为常常有人遗失支票或迟迟不兑换现金，这就使捷运公司每月销售的支票金额比其兑换的金额要大得多，出现了可观的现金结余，而这部分结余就成了捷运公司的利润来源。后来，在乔恩·弗雷德曼和约翰·米汉合著的《卡片宫》一书中，两人对捷运公司的这一战略转变给予了高度的赞扬：美国捷运公司在偶然间创造了一种新的国际货币。

旅行支票的出现不仅加速了捷运公司向金融服务业转变的步伐，同时也彻底改变了公司的企业文化，捷运公司由此变得更加注重顾客，主动为顾客解决问题，迅速抓住一闪即逝的机遇拓展自己。当捷运公司在巴黎开设了其在欧洲的第一家旅行支票办事处后不久，一名员工就扩大了公司的业务，他开始在售票窗口卖轮船卧铺票，后来又说服公司开设了"旅行部"出售火车票、办理全包旅行和其他一系列旅游业务，以解决游客兑换现金、邮寄东西、安排旅行、买票、咨询等种种需求。20年之后，这项与旅游服务有关的业务已经成了美国捷运公司的第二大战略支柱，其重要性仅次于金融服务业务。

捷运公司正是在这种不断的变革创新中发展自己，管理者不断发现、选择更适应环境变化的业务，不仅使公司在竞争中很好地生存了下去，而且获得了很大的发展，也获得了更为广阔的发展空间，使公司从一家简单的运输公司发展到如今的规模，在市场竞争中奠定了地位。

因此，企业的管理者要引领企业在不停发展变化的环境中保持一颗始终变革创新的心，只有坚持创新、坚持求变才能为企业带来持续的发展，才能让企业获得更有利的竞争地位，并在竞争中获胜。

★★★★★

英特尔公司是世界上创新力最旺盛的公司，其产品更新换代的速度之快令世人咋舌。在产品创新上，英特尔秉承着不断挑战自己的过去，挑战自己的成就，挑战自己的纪录这一理念。英特尔的口号是"让对手永远跟着我们好了"。为了能够让所有的员工都了解公司的方向，以便集中力量进行创新，英特尔习惯于设定那种乍看起来让人觉得无法企及的"高目标"，然后再同相关的小组密切地讨论，找出合理的指标，并对市场需求和公司资源做出合理的评估。英特尔公司的管理者认为，结果导向意味着英特尔强调积极的目标、具体的结果与产出，从而能够更加集中精力进行创新。而要让企业的每个成员了解团队的方向，必须通过设定高目标，以量化的手法，务实地制订能实现的目标。

★★★★★

创新是每一位管理者最重要的特质，同时也应是一个企业的本质特征。创新意识和能力的耐久性是判定管理者生命力的一个重要标准，管理者既是一个系统的构建者又是一个系统的变革者，要时刻随着时间的变化而变化，否则就会被竞争淘汰。

> 许多公司之所以能够创造出让世人瞩目的佳绩，缘于其管理者坚持不懈地追求创新理念，不断进行创新变革的举措。产品创新，企业不止，这是别无选择的生存之路。

先模仿后创新，建立有个性的经营模式

奇是军队作战之道，而创新则是企业发展之源。在现代企业管理中，企业必须不断创造新型经营及管理方式，以此提高企业竞争力，成就企业的辉煌。

★★★★★

2002年2月，时至春节，蒙牛液态奶事业本部总经理在深圳沃尔玛超市购物时发现，人们购买整箱牛奶时搬运起来非常困难。由于当时是购物高峰，很多汽车无法开进超市的停车场，而商场停车管理员又不允许将购物手推车推出停车场，消费者只有来回好几次才能将购买的牛奶及其他商品搬上车，这一细节引起了他的重视。此后，他不断思考这件事情，想着怎样才能方便搬运整箱的牛奶。

一次偶然的机会，这位经理购买了一台VCD，往家拎时拎出了灵感：一台VCD比一箱牛奶要轻，厂家都能想到在箱子上安一个提手，我们为什么不能在牛奶包装箱上也装一个提手，使消费者在购物时更加便利呢？

这一想法在会上一经提出，就得到了大家的认同，并马上得以实施。这个创意使蒙牛当年的液体奶销售量大幅增长，同行也纷纷效仿。

现在来看，这一创意很简单，可为什么蒙牛液态奶事业本部总经理能够提出来，而其他人却提不出来呢？关键就在于是否有创新的观念和意识。观念创新是创新的基础，只有改变观念，才会为创新去做准备，才有可能捕捉到创新的机会，从而使企业创新成功。

创新有多种形式，不仅仅是指开辟一条前人从未走过的道路，也包括尝试着走别人已经走过的旧路。开辟新路，通常要遇到更多的障碍，耗费更多的物力与财力，可能还要面对更大的风险。看清楚眼前要走的路，特别是留意别人怎样走同样的路，可以避免重复别人已经走过的弯路。另外，在走别人走过的路时要动脑筋，要找到适合自己的新思路、新方法。这也被称为创造性模仿。

国画大师齐白石先生说："学我者生，似我者死。"开始的我们都要经过一个模仿的过程，学习前人优秀之处，吸取他人的精髓，才能更好地完善自己。更重要的是，我们一定要有自己创造的过程。个性是区别于大众的，正因为个性的差异，才构成人生万象的异彩纷呈，才谈得上相互学习、相互促进，才能领悟到成功的真谛。

模仿的目的不是更像别人，而是发展自身。企业要找到适合自己的发展之路，就必须摆脱邯郸学步式的简单模仿。我们来看看三星电子是怎样通过创造性模仿而一步步成长壮大起来的。

2006年，三星公司的股票飞涨，是日本电子巨头索尼公司的2倍多，成为亚洲市场市值最高的公司之一。

作为全球消费电子领域的一匹黑马，三星公司的成长并非一帆风顺。公司刚刚建立时，生产的是仿造产品，而其中许多都是以著名电子企业的产品为基础的。1970年，三星公司还在为日本三洋公司打工，制造廉价的12英寸黑白电视机。到1978年，三星公司便成了世界上最大的黑白电视机制造商。1979年，它与另外一家日本电子设备制造公司——夏普公司建立了合作关系，由此开始生产微波炉。1986年，三星公司不但能够向日本出口产品，而且还将产品出口到了欧洲和美国。这时，它已成为世界上最大的微波炉生产商。

在进行了几年技术模仿后，三星公司意识到进步的唯一途径是从技术的跟随者上升为技术的领导者，而这只有通过在所从事的每个领域内进行创新才可以做到。于是，三星公司开始强调变革和创新。其总裁甚至就一些技术细节问题亲自向日本、美国公司的工程师虚心求教。

现在，三星公司已成为世界级的技术创新公司，在移动电话、手持计算设备、平面显示器以及超薄笔记本电脑等众多领域创造了一系列的尖端技术。

要想创新，必须走出自己的路。老跟在别人屁股后边学，充其量只会落下"模仿者"之名。其实，创新都是有个性的，没有个性的创新只是机械的模仿。创新之初模仿成功者的模式是可以的，但不能一味模仿而不求突破。模仿是手段，创造才是根本。

因此，要根据自己的个性设计一条成功的路线和方法，这才是根本。企业要在竞争激烈的市场中生存和发展，必须建立一个完整而有个性的经营模式，实现创造性模仿。

坤福之道

模仿创新优势在于可节约大量研发及市场培育方面的费用，降低投资风险，也回避了市场成长初期的不稳定性因素。但是同时难免在技术上受制于人，而且新技术也并不总是能够被轻易模仿的。随着知识产权保护意识的不断增强，要获得效益显著的技术显然更不容易了。

营销造势，商业竞争必不可少的手段

孙子说："激水之疾，至于漂石者，势也；鸷鸟之疾，至于毁折者，节也。故善战者，其势险，其节短。势如扩弩，节如发机。"孙子在这里提出来两个制胜的关键——"势"与"节"。急速奔腾的大洪流，之所以能漂流巨石，除了速度很快之外，还必须有强大的推动力，这种推动力就是"势"。

势在孙子兵法中，是最重要的核心概念。势最直接的意思就是力量，而且是极为强大的力量，强大到万夫莫当；就因为势太厉害了，所以，孙子主张以"势"胜敌。

问题是，势是怎样来的呢？

修道保法，先建立基本实力，先为不可胜。

诡道欺敌，让对手现兵形，弱化对手，以待敌之可胜。

奇正相生，奇兵与正兵交互运用，让对手不知何所守，不知何以攻，再出其不意，攻其不备。

势一旦形成，不管对手原来有多强，也都会像激流中的石头一般，被顺势"漂"起。

猛禽攻击猎物时，把握好了速度和节奏，才能一击致命。在战争中，要利用态势、掌握节奏、控制距离、抓住稍纵即逝的战机，以快捷、凌厉的态势击溃敌人。

为什么势之后还要有节呢？这就是孙子高人一等的地方。

势本身就是致敌死命的力量了，而孙子还看到利用节可以将势的能量彻底爆发，这等于将势的力量加倍放大，双保险加双保证，不全胜制敌，根本不可能。

孙子认为创造和利用态势，合理部署兵力，就能使自己的实力得以充分发挥。而指挥作战的将领，要善于创造势不可挡的态势，利用短促的节奏战胜敌人。

商场如战场，企业在发展壮大时也必须掌握"势"与

"节"。不但要密切关注市场的变化，抓住拓展业务的机会，创造发展的态势，而且还要以快捷的势攻击竞争对手。只有在变幻莫测的商战中乘"势"而上，快速反应，才能立于不败之地。

★★★★★

一位有经济头脑的美国数学家花了5万美元从一位匈牙利数学家那里买来了魔方的设计专利，并在美国开了家魔方生产公司。随后，他又为魔方做了大量的宣传和广告，他肯定地说："魔方肯定会畅销全球。"

果然，魔方一上市就风靡全球。美国数学家从中大赚了一笔，但他却说："这东西只能风靡一时。"正如他所预料的一样，没几年，魔方市场饱和，其他魔方生产厂家因为亏损纷纷倒闭。而这位美国数学家因预料到这一切早早转投了其他行业，丝毫没有受影响。

正是因为这位美国数学家知道"势险节短"，所以他果断地决定投产魔方，为自己赚了一大笔；也是由于同样的原因，他在市场饱和前迅速转移，保住了之前的胜利果实。

在营销手段上，成功的商人自然有他独特之处，不得不让人折服，当年日本西铁城手表为了占领中国香港市场就曾成功地上演了一场造势的谋略。

★★★★★

一天，一架标有"西铁城公司"字样的直升

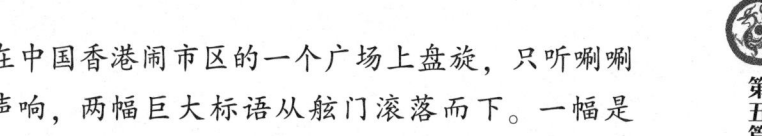

机在中国香港闹市区的一个广场上盘旋，只听唰唰两声响，两幅巨大标语从舱门滚落而下。一幅是"用我西铁城手表，绝对无烦恼"，另一幅是"百米高空赠手表，一看就知好不好"。

紧接着，金灿灿、亮晶晶、白花花的各式各样的西铁城手表从飞机上投掷下来，人们争相接着，唯恐得不到免费手表。绝大多数手表都被人们接住了，偶尔也有掉在地上的，但还没等人看清摔坏没摔坏就被人迅速捡了起来，赶紧揣到口袋里。

人们其实也在期待着，因为西铁城公司在广告上说，如果谁捡到摔坏的手表就可以领到十倍价值的现款。

然而让人们惊奇的是，几乎没看到被摔坏的手表。中国香港市民被西铁城公司第二天公布的千分之零点八的数字惊呆了：质量真好！仅此一举，西铁城手表誉满中国香港，并迅速影响到中国内地市场。

市场营销的本质不是产品的竞争，而是认知的竞争：某种产品在消费者心目中"是什么"远远重要过其实际上"是什么"，这就决定了企业之间最高层面的竞争不是产品功能的竞争，而是消费者认知的竞争。所以公共关系主导的营销造势在其中体现出强大的作用：以卓越的新闻策划以及良好的沟通手段，让社会公众全方位地了解企业，了解品牌背后的人、企业、文化和故事，促使他们对品牌由认识而了解，由了解而无限忠诚。品牌以得人心而得天下。

坤福之道

营销造势的关键,是要根据自己产品的特色和个性,捕捉利用市场的机会,及时推出精心策划的、强有力的促销活动,使产品一面市就给用户以心理上的强烈冲击,进而形成鲜明的、富有个性的印象。

第六篇
虚实篇

　　把握战争中的机会，运用最适宜的方法和策略，才能在战场上赢得一席之地。行军作战要避实击虚，这样就能将自己的兵力最大限度地发挥出来，取得主动权。商场如战场，迷惑对手，调动对手，以虚诱之，以实击之。只有这样，才能成为最后的胜者。

原文

孙子曰：凡先处战地而待敌者佚，后处战地而趋战者劳。故善战者，致人而不致于人。能使敌人自至者，利之也；能使敌人不得至者，害之也。故敌佚能劳之，饱能饥之，安能动之。出其所不趋，趋其所不意。

行千里而不劳者，行于无人之地也；攻而必取者，攻其所不守也。守而必固者，守其所不攻也。故善攻者，敌不知其所守；善守者，敌不知其所攻。微乎微乎，至于无形；神乎神乎，至于无声，故能为敌之司命。

进而不可御者，冲其虚也；退而不可追者，速而不可及也。故我欲战，敌虽高垒深沟，不得不与我战者，攻其所必救也；我不欲战，虽画地而守之，敌不得与我战者，乖其所之也。

故形人而我无形，则我专而敌分。我专为一，敌分为十，是以十攻其一也。则我众而敌寡，能以众击寡者，则吾之所与战者约矣。吾所与战之地不可知，不可知则敌所备者多，敌所备者多，则吾所与战者寡矣。故备前则后寡，备后则前寡，备左则右寡，备右则左寡，无所不备，则无所不寡。寡者，备人者也；众者，使人备己者也。

故知战之地，知战之日，则可千里而会战；不知战地，不知战日，则左不能救右，右不能救左，前不能救后，后不能救前，而况远者数十里，近者数里乎？以吾度之，越人之兵虽多，亦奚益于胜败哉！故曰：胜可为也。敌虽众，可使无斗。

故策之而知得失之计，作之而知动静之理，形之而知死生之地，角之而知有余不足之处。故形兵之极，至于无形。无形则深间不能窥，智者不能谋。因形而措胜于众，众不能知。人皆知我所以胜之形，而莫知吾所以制胜之形。故其战胜不复，而应形于无穷。

夫兵形象水，水之形避高而趋下，兵之形避实而击虚；水因地而制流，兵因敌而制胜。故兵无常势，水无常形。能因敌变化而取胜者，谓之神。故五行无常胜，四时无常位，日有短长，月有死生。

译文

孙子说：凡是先到达作战地区而等待敌人的就会安逸，后到达作战地区而仓促应战的就会疲惫。所以善于指挥作战的将帅，能调动敌人而不被敌人调动。能使敌人按照我方意愿而自动到达战区，这是因为敌人受到了利益的诱惑；能使敌人按照我方意愿而无法到达战区，这是因为敌人担心会有祸害。所以敌人安逸，能使他们疲劳；敌人饱食，能使他们饥饿；敌人安静，能使他们骚动。向敌人急行军也无法到达的地方行进，快速到达敌人意想不到的地方。

部队行军千里而不劳累，是因为行进在敌人空虚薄弱的地区；进攻而必能取胜，是因为进攻的是敌人没有防守的地方。防守而必能巩固，是因为防守的是敌人无力攻下的地方。所以善于进攻的军队，敌人不知该如何防守；善于防守的军队，敌人不知该如何进攻。微妙啊微妙，到了看不出任何行迹的地步；神秘啊神秘，到了听不见任何声响的境地，所以能够成为敌人命运的主宰。

部队前进而敌人不能抵御，是因为袭击了敌人的空虚之处；部队撤退而敌人无法追击，是因为行军速度很快而敌人追赶不上。所以我方想要开战，敌人即使有高垒深沟，也不得不与我军作战，是因为进攻了敌人必定要救援的地方；我方不想作战，在地上画出界线便可作为防守之地，敌人也无

法与我作战,是因为诱导敌人产生并实施了错误的思想。

使敌人暴露行迹,而我方却隐蔽实情,没有显示行迹,这样我方就能集中兵力,而敌人却分散兵力。我军的兵力集中而形成一个合力,敌人的兵力却分散为十,所以就等于是用十倍的兵力攻击敌人,这样我方兵力多而敌人兵力少;我方能做到以优势兵力攻击敌人的劣势兵力,那么有能力与我方作战的敌人就少了。我方与敌人作战的地方敌人并不知道,不知道,那么敌人防备的地方就多;敌人防备的地方多,那么与我方作战的敌人就少了。所以若在前面防守,那么后面的兵力就少了;若在后面防守,那么前面的兵力就少了;若在左边防守,那么右面的兵力就少了;若在右边防守,那么左边的兵力就少了。没有一处不防守,就没有一处不薄弱。兵力薄弱,是分兵防备对方的结果;兵力众多,是调动对方分兵防守自己的结果。

所以能预先了解作战的地点,预先了解作战的时间,那就可以奔赴千里而与敌交战。不预先了解作战的地点,不预先了解作战的时间,那么军队中的左翼就不能救援右翼,右翼不能救援左翼,前部不能救援后部,后部不能救援前部,更何况在远则几十里、近则几里的范围内部署作战呢!按照我的估计,越国的军队虽多,但对于战争胜利的取得又有什么益处!所以说:胜利是可以取得的。敌人即使众多,也可以分散它的兵力而使其无法与我争斗。

所以通过筹策计算,可以了解敌人计谋的得失;通过观测敌人,可以了解敌人的动静规律;通过有意制造假象,可以了解敌人的优势或薄弱致命之处;通过对敌人的试探性较量,可以了解敌人的强弱之处。所以向敌人制造假象的极致,是到达无迹可寻的境界；如果到达无迹可寻的境界，那么隐藏再深的间谍也不能窥探出真相，再智慧的人也不能想出对付我方的计谋。依据敌人的活动迹象而调兵遣将，向众人显示了取胜的结果，但众人却无法了解是如何取胜的。人们尽管都了解我方战胜敌人的外在行迹，却没有人了解我方战胜敌人的内在的奥秘。所以我方每次打胜仗的方法都不会重复，那是因为适应敌情变化而采取了多种多样的战略战术。

用兵打仗的一般情况就像流水，流水的特性，是避开高处而往低处流，用兵打仗的特性，是避开敌人兵力集中而强大的地方，而攻击敌人兵力分散而虚弱的地方。水依据地形的变化而决定着水的流向，军队也要依据敌情的变化而制服敌人取得胜利。所以军队没有固定不变的态势，水也没有固定不变的形态。能根据敌情变化而夺取胜利的人，可称为神。所以金、木、水、火、土五种物质间的相克关系不是固定不变的，春夏秋冬一年之内四季更替，不会一直停留在某一季节而固定不变，白天有长有短，月光有晦有明。

读解心得

本篇的要点是"因"，即因形而制胜，根据敌我的情形而采取灵活的制胜方法，而不能拘泥于常规。

本篇有三层递进的关系：致人—众寡—因形。

先掌握攻击的主动权，将敌人压迫到防御的不利位置（致人），敌人处于防御状态，而不知道我方要进攻何处，没有明确的靶心，不得不分兵处处设防。而我方可以集中兵力进攻，在局部造势，形成以多胜少的有利局面（众寡）。然后，根据这个局面，灵活地调配兵力，顺利地取得胜利（因形）。

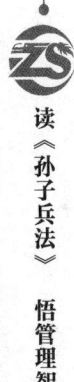

首先，要强调的是"主动权"。竞争，首先是主动权的争夺。丧失它，只有被动挨打死路一条。那么，市场的领导地位从何而来？不在于公司资产的多少，也不在于产品线的规模大小。而在于生产的产品是否满足了市场上大多数消费者的需求。同时，你还须进一步考虑是否能在不久的将来仍能满足大多数消费者的需求。两个方面综合起来，才能掌握主动权。如果不能，那现在拥有主动权的公司将逐步丧失它，没有主动权的公司将逐步夺取它，攻防将转换。

其次，强调灵活性。战略的坚持必须辅以战术的灵活性才能实现。兵形像水，对付集中的敌人，就先引诱调动，使其分散，分割包围，再予以歼灭。所以，敌情千变，胜敌的方法能达万种。

市场是多变的，可以根据产品价格、各种属性、目标顾客群体等因素划分成很多细分市场。已有的厂商占据了其中的某几个细分市场，此时应避开他们，占据空虚的、有利润价值的细分市场。这是我方实力不强，避开与对手正面交锋的方法。等我方实力提升后，根据对手的弱点，针对性地拿出自己的产品、服务，突然杀入对手占领的某个细分市场，力求在最短的时间内给予其致命一击，快速将对手挤出这个细分市场。

如果不能快速解决战斗，就始终保持自己对主动权的掌握，保证自己的产品在核心属性上的优势。在敌方地盘上较量，保持攻势，使其无暇顾及我方已经占据的地盘。这样，对对手始终保持进攻，自己的后方力求稳固、顺利发展，这样一来，胜算颇大。

作为先进入市场的厂商，就必须快速地、尽可能多地占据有利润价值的细分市场，努力扩大自己的优势，不给潜在的对手机会。对手即使强行进入，要么就只有利润价值低的细分市场，要么就与我已经确立的优势正面交锋，前途难测。

以上，就是因市场虚实、对手情况而制胜的一般方法。拘泥于常规定式，只会失败。

■ 商例活用

 占据主动权，才能减少经营中的障碍

孙子提出了争取战争主动权的思想："致人而不致于人。"这一点也是战争中最重要的，没有主动权，就会陷入被动、消极防御，甚至处处挨打的境地。主动是克敌制胜的关键，有了主动权，我们就可以先发制人。甚至只要比敌人多一点点优势，我们就可以占据主动。然而，任何事情都不是绝对的，要想在战争中占据主动权，还必须对具体情况做周密的分析，从实际出发，灵活运用策略，设法劳敌累敌。"致人而不致于人"就是我控制你而不被你控制，我左右你而不被你左右，我主导你而不被你主导，这就是一个主动权的问题。

在经营管理中，一定要精心把你上下游的产业链做一个梳理，首先，你要找出你的致人点在哪儿，你的受致点在哪儿。什么叫致人点？就是我方说了算，别人对我方有所求之处。什么叫受致点？就是我方说了不算，我方对他人有所求之处。找出来以后，你在战略运作当中，要有意识地强化你

的致人点，弱化你的受致点，这样做可以减少你在经营中遇到的障碍。其次，当你不得不受制于人的时候，只要记住这八个字，就会迅速由被动转为主动。"你打你的，我打我的"，你有你的打法，我有我的打法，你有你的规则，我有我的规则，我不一定按照正常的程序出牌，也不会配合你出牌。

大家都说顾客就是上帝，把顾客侍候好了就赢了、发财了，这句话不完全对，因为你和顾客之间也有一个致人和受制于人的关系，不能像上帝和乞丐一样。顾客其实不是上帝，而是我们帮助的对象。销售产品给他，要让他感觉我们是在帮助他。所以高明的企业家在商战中不是盲目地迎合顾客；而是主动地引导顾客；不是盲目地适应市场，而是主动地塑造市场。

还有，什么叫受制于人？就是我方有求于他人时，我方受制于他人，但是他人有求于我方时，他人被我方所制，我方主动。真正的高手在求你的时候，会巧妙地转化这个关系，变成你来求他：本来是求，向对方借钱，还得让对方谢谢；本来是卖给对方产品，还得让对方说是缘分。

★★★★★

有一个旅行团去陕西看兵马俑，当时一个20多岁的小导游，领着旅行团在半路上休息，讲故事。小导游胳膊上有一个玉镯，他说白玉有两种，一种是死玉，另一种是活玉，活玉可以往人身上输送微量元素，纹路还会发生微妙的变化。团里很多的女游客开始请求小导游帮忙："小导游，你能不能带我们去买活玉啊？我们不知道，你给我们指点指点，我们买一些回去送人。"小导游回答得很坚决:"不行,我们这个地方管理很严格,一旦发现卖玉的和我们导游发生什么关系,我将被重罚。"游客很快就说:"没问题小导游,你只要带我们找到活玉,你罚的钱我们替你交上。"小导游便说:"好,既然这样,我带你们去,但都别吭声。"于是他带领游客进了一个商场,他告诉游客到123号,那里都是活玉,大家蜂拥而至买活玉。其实,这个小导游跟那个老板在旁边偷着乐呢。

如果小导游要说我带你们买玉吧,肯定没戏,结果导游编了一个故事,把游客的兴趣调动起来了。

这个案例告诉我们什么是主动权。掌握主动权,顺风顺水,事半功倍。反之,被动地去做,只能事倍功半。不顺风顺水时,也别着急,等一等,或者变换变换,总是会出现新局面的。同样地,在管理中,如果掌握了主动权,做事的效率就会大大提高,执行力就会大大增强,这当然与管理者沟通的水平有很大关系。

　　社会学家托尼·坎波罗说:"我们正处于一个过分看重物质的年代,而且感情上也在逐渐退化乃至坏死。我们不再手舞足蹈,缺乏生机与活力。"这种消极被动的状态是不利于我们成长和发展的。只有以积极主动的态度对待一切,才能有种蓬勃的动力,才能散发出无穷的魅力,使机遇不请自来。

读《孙子兵法》 悟管理智慧

依靠敏锐的洞察力，带领企业攀向更高峰

孙子认为，在一场战争中获得胜利是众多因素综合作用的结果，因而一个高明的将领应该全方位、多角度去考虑问题。

行军打仗最重要的是要有一个周密的战略部署，因而我方首先应该通过分析来掌握敌方的战略计划，并且详细讨论在这种战略计划中我军的优劣、得失，这样我军可以针对敌人的战略部署改善自己的作战计划，以便更好地进行战斗；其次，我方可以用一定的利益来诱惑敌人，以便掌握敌人的作战规律并且针对敌人的战斗规律有侧重地调整我军的行动；再次，我军还可以通过散布虚假消息、制造假象来迷惑敌人，然后暗中观察敌人的处理方式、暴露出的弱点，接下来便可以抓住敌人的致命要害，在战争中一招制敌。要做到这些，就需要具有优秀的洞察力。

究竟什么是洞察力？洞察力，是指深入事物或问题的能力，是人通过表面现象精确判断出背后本质的能力。对企业管理者而言，洞察力就是能够敏锐地发现利于利润增长的变革及其征兆，同时能够提出实现这一变革的设想、战略和切实可行的计划，这也就是说要有战略思维。洞察力对管理者而言是难能可贵的，是复杂的现代领导活动对管理者的素质提出的一条基本的要求，也是确保领导活动获得圆满成功的一个先决条件。

★★★★★

40多年前，史蒂夫·乔布斯的灵敏嗅觉让他意识到，个人电脑会改变整个世界。于是，他毅然放弃大学学业去追求梦想，从此也造就了全球市值最大公司——苹果公司。苹果电脑推出成功后，由于在公司发展远景方面与董事会的冲突，乔布斯被迫出售股份离开"苹果"，但他仍没有放弃自己的梦想，凭着对IT行业灵敏的洞察力，在几乎耗光了自己所有积蓄的情况下，终于创造出了一系列全新的电脑技术平台和商业模式，并在十年后成功挽救了当时濒临破产的苹果电脑。或许乔布斯不是一个最成功的管理者，但没有人可以否认他是全球最有洞察力的管理者之一，正是他的敏锐创造了"苹果"，也是他的敏锐挽救了"苹果"，更是他的敏锐带领"苹果"始终走在潮流的尖端。

★★★★★

管理者的洞察力在企业的目标确立和发展过程中起着十分关键的作用，应用于领导企业的方方面面：观察业界的发展方向，发现竞争突破点，树立独树一帜的组织风格，确立产品的发展方向和服务范围……每一项改革和创新都是对管理者洞察力的检验。如果管理者不能依靠敏锐的洞察力发现机会，就无法把握形势，也无法形成有效的发展战略，更无法处理好企业发展的内在问题和外在矛盾。

那些具备敏锐洞察力的管理者，头脑中所想的往往是上乘的新产品、没有满足的巨大需求、不断变化的潮流、巨大的发展机会……因为他们看得清清楚楚，他们确切地知道必须通过做些什么来取得成功。这些存在于头脑中的洞察力使肯·奥尔森掌握到了如何生产比 IBM 便宜得多的计算机，从而创造了数据设备公司；这也使梅里特·谢尔建造了小的新"购物区"，使那些因为郊外大型购物中心而黯然失色的小专卖店得以兴旺发展；这也让奥斯卡影帝罗伯特·德尼罗把布鲁克林海军造船厂变成东海岸成功的电影制片厂。

因此，每一个想要企业在竞争中获胜的管理者都要注意培养自己的洞察力，要依靠敏锐的洞察力带领企业攀向更高峰。

坤福之道

管理者要发展企业，敏锐的洞察力是必不可少的，而提高自身的洞察力，你所能依靠的只有你自己。

不可拘泥于一格，创新变化才能生存

斗转星移，四时更替，一切事物都在发展变化之中。迈向未来的脚步若是循规蹈矩，便会闹出"刻舟求剑"的笑话。英国元帅蒙哥马利总结自己的经验说："在作战中，指挥艺术在于懂得没有一个情况是相同的。每个情况必须当一个全新的问题来研究，力求作出全新的答案。"一般来说，即使是打了胜仗的经验，也不应重复使用，而应根据新的具体情况，作出新的对策。

在此，"战胜不复"，从战术、战役范围理解，意在因敌之变，灵活机动。这里所讲的"不复"，并非指对一般战术原则和谋略思想的改变，而是在不同条件下具体运用战法

上的变化。自古以来，兵家采用设伏、奇袭而获胜的战例屡见不鲜，但每次设伏和奇袭方法上都有所不同；诱敌深入、后发制人、暗度陈仓、围魏救赵之类的谋略思想，兵家不知反复用过多少次，但凡能用之获胜者，就在于适其时、合其情，活用其法。所以说，战胜不复，不是说前人的经验不可取，而是要防止不分时间、地点、敌情、我情，一味照搬"复制"前人的具体做法。

"战而不复"用于管理上，就是每次经营竞争成功，都不是重复老一套，而是适应着市场发展，不断变换自己的对策方略。

★★★★★

20世纪80年代，营口洗衣机厂得知日本研制出一种新水流洗衣机，洗净度高，不缠衣服，便立即组织力量进行研究试制。1985年第一季度，该厂就将五种新水流洗衣机投放市场。1985年秋天，该厂准确地预测到单缸洗衣机在城市市场已经"退热"的行情，立即将原有的全套单缸生产技术设备，以12万元的价格，转让给单缸洗衣机尚属畅销的西北地区的某家工厂，而本厂则全力以赴生产双缸洗衣机，既成功地实现了战略转移，又掀起了生产热潮。

★★★★★

事实有力地证明，拘泥不变、安于守成是商场竞争之大忌，而审时度势、先知先变是企业在多变的环境中求生存、求发展的法宝。

★★★★★

前些年，本溪矿务局矿材厂综合企业公司的一位经理带领待业青年办厂。这位经理善于观察市场行情，留心社会需求，善于根据社会的变化做生意、求发展。当社会上做沙发的人多，弹簧奇缺时，他就投资1200元办弹簧厂，顾客盈门，当年盈利6.7万元。后来这位经理预测到弹簧将供过于求，他观察到社会上做衣服难，派人到市场上了解什么样的新潮服装畅销，又改办服装厂，所产服装畅销15个省，1年盈利3.4万元。本溪能源紧张，一些单位需要省煤炉。这位经理又帮助青年办起茶炉厂，生产出"取暖、烧水、蒸饭"三用茶炉。这位经理后来发现本溪市商业网点少，又组织青年开办3个门市部、16个摊铺。不久，这家公司发展成为拥有职工1300人、年产值260万元的中等企业。

★★★★★

《草庐经略》上说：兵法上有"实则虚之"的谋略，然而，这都没有一定之规，关键要看个人的胆识和悟性。兵者，"诡道"也，所谓"诡"和"谲"之类的词语，在兵家那里是没有褒义和贬义之分的，这类词的意思无非就是变化。谁能变化得宜，谁就会取得胜利。在军事上，与其说是斗勇，不如说是斗智。而智，就是变化。所以我们要善变，不可拘泥于一格，否则就无法有所创新。

总之，企业要做大做强，就必须懂得变化，只有采取反"常"的策略，才能在任何环境中都立于不败之地。

> "创新者生,墨守者死。"事物是发展变化的,只有变化才能生存,也只有跟上时代的变化才能求得发展。

瞄准客户需求,寻找潜在的细分市场

对于企业而言,将市场进行细分,可以发现市场空白点和新的商机,从而为自己赢得发展空间。

市场细分是根据顾客需求的不同,将整个市场划分为若干个分别由相同需求的顾客组成的较小市场的过程。也就是说,市场细分是以顾客为对象,根据顾客需求的差异性把市场分为若干个顾客群体,每个顾客群体就组成一个细分市场。细分市场内的顾客有很多类似的消费行为和习惯,相互之间的需求差异是微小的。而在不同的细分市场内,顾客需求的差异则是较大的。

需要注意的是,市场细分的对象是人,而不是物。这里的人是指顾客,指消费者,指购买商品或服务的个人和集体。市场细分与按照交换内容、交换方式、经营区域、商品类型等为标准划分的市场类型是不同的。

市场细分的目的是要在商品近似、对手如林的市场环境中为自己企业的产品寻找到一个成长壮大的空间。

★★★★★

饮料市场的巨大潜力曾经吸引了众多国际和国内企业的加入,可口可乐、百事可乐、康师傅、娃哈哈、农夫山泉、健力宝等纷纷杀入果汁饮料市

场，一时间群雄并起、硝烟弥漫。

这时候，品牌竞争往往表现得不够明显，竞争一般会表现在产品、质量、价格、渠道等方面，有人称为产品竞争时代。比如说，当企业把市场分割为中老年人、青年人以及儿童等几个目标细分市场时，人们都能形象地知道这些细分市场的基本特征。由于这种"分类"方法简单、易于操作、费用低，大部分企业都可掌握且也乐于采用，但只有在市场启动和成长期的恰当时机率先进行广度市场细分的企业才有机会占有更大的市场份额。

正当众多的企业因对市场细分认识不足，还只是停留在静态细分的水平上，仍在纷纷采用价格战和增加广告投入等常规方法进入该行业抢夺市场时，统一集团、可口可乐公司等却是从消费者的角度出发，以动态市场细分的原则（随着市场竞争结构的变化而调整其市场细分的重心）来切入和经营市场。

1999年，统一集团开始涉足橙汁产品市场，它通过深度市场细分的方法，选择了追求健康、美丽、个性的年轻时尚女性作为目标市场，首先选择的是500mL、300mL等外观精致适合随身携带的PET瓶，而卖点则直接指向消费者的心理需求："统一鲜橙多，多喝多漂亮。"其所有的广告、公关活动及推广宣传也都围绕这一主题展开，如在一些城市开展的"统一鲜橙多 TV-GIRL 选拔赛""统一鲜橙多阳光女孩"及"阳光频率统一鲜橙多闪亮DJ大挑战"等,无一不是直接针对这一细分群体,从而极大地提高了产品在主要消费人群中的知名度与美誉度。在2001年,统一集团仅"鲜橙多"一项产品销售收入就近10亿元,在竞争激烈的饮料市场上取得了优异的销售业绩。

再看可口可乐公司专门针对儿童市场推出的果汁饮料"酷儿"。"酷儿"卡通形象的打造再次验证了可口可乐公司对品牌运作的专业性,相信没有哪一个儿童能抗拒"扮酷"的魔力,年轻的父母也对小"酷儿"的可爱形象大加赞赏。

同样是"细分",但在市场的导入期、成长期、成熟期和衰退期等不同的生命周期却有不同的表现和结果。市场细分方法的差异才是导致经营结果产生差异的关键因素。许多企业在进行市场细分时往往容易陷入认识的误区,即不管市场所处的竞争结构和环境,只对市场进行静态的浅度细分,当市场的竞争结构发生变化时,仍然使用原有的市场细分方法,从而丧失了很多机会,甚至丢失已有的市场份额。

动态的深度市场细分是市场竞争中、后期企业谋取成功的必然选择。因为只有这样才能锁定自己的目标市场群体,集中有限资源,运用差异化的深度沟通策略并辅以多种手段赢得其"芳心",并不断培养其忠诚度,从而达到最大限度阻隔竞争对手的目的。

企业如果能够先于竞争对手之前捕捉到有价值的细分新方法,通常就可以抢先获得持久的竞争优势,从而比竞争对

手更好地适应买方真实的需求。因此，企业需要做的就是瞄准用户需求，挖掘新的市场机会。寻找潜在的细分市场，可以从以下三个问题着手。

首先，要着重考虑在该细分市场上开展市场营销业务是否与企业的整体性和长远性目标相符。如果细分市场不能满足企业的长远发展目标，则应予放弃。

其次，要通过对商品或顾客交叉分析找出最佳的市场机会，同时对细分市场内的竞争对手加以分析，把握企业在有关细分市场中的生存和发展机会。要能够突出和充分发挥自身拥有的技术特长，生产出符合目标市场需要的产品，这样企业才能在竞争中取得优势，立于不败之地。

最后，要认真做好利润分析。企业只有不断获得利润才能生存和发展，如果细分市场无法使企业获得预期或合理的利润，则企业就不能进入该细分市场。

> 在商战中，只有专注才能发展，尤其在实力不足时，集中力量于一个领域，比分散实力于不同领域会有更大的发展。

企业要量力而行，避开盲目扩张的误区

孙子主张要善于分散敌人的兵力，让其处处布防，这样敌人的兵力就分散了，我方可以集中优势兵力，将敌各个击破。与此同时，我们还要学会隐藏自己的兵力，让敌人无法判断我方优势兵力在何位置，从而让敌人多方设防，分散其

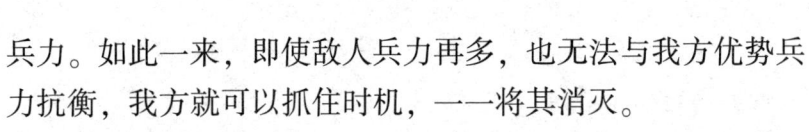

兵力。如此一来，即使敌人兵力再多，也无法与我方优势兵力抗衡，我方就可以抓住时机，一一将其消灭。

在企业经营的过程中，尽量避免过度地扩张，同一时间推出过多商品，资源就会过于分散，实力自然会下降。即使硬实力能跟得上，但软实力却未必，短时间内不一定能找到那么多适合的人才。

很多公司的管理者不安心只做商界中的"小字辈"，一心期望自己的公司不断发展、壮大，这原本无可非议。但是发展、壮大也应有一定的限度，要有正确的经营决策，否则，单单求大、求全、求快，公司就会陷入经营的误区，最终会被拖垮。

★★★★★

曾经很知名的三株集团，从1994年成立到1997年，仅仅用了3年时间就发展成一个巨型集团公司，在全国市级城市设有300多家子公司，在县级城市设有2210个办事处，在乡镇一级设有13500个办事处，并拥有15万名员工。不过这并未给三株集团带来特别明显的经济效益，反而造成其机构臃肿和管理不易。例如，在三株集团下属机构中曾出现一部电话3个人管的现象。随着三株集团机构的日益庞大，层级逐渐增多，总部的许多指示在层层传达中发生了歪曲或变形，上令难以下达，下情难以上传，官僚主义滋生，总部对下属公司难以实现高效指挥。例如，1995年春节后，三株集团决定向农村市场进军，但该举措没有得到贯彻，后来在总经理的强力推动下才得以进行。但这一切使三株集团变得庞大而又脆弱，最后仅一个小小的危机事件就将其击垮了。

公司发展、扩张主要有两种途径：一是内部扩张，借助资本积累，依靠自身的技术优势、资金优势和管理优势，按照相关产品、相关产业的方向发展。二是外部扩张，借助资产并购、重组，将别的公司吸纳进来。目前，不少小公司认为第一种太慢，周期太长，因而强调第二种发展思路。有些小公司一有发展就进行大规模扩张，兼并过来许多没什么优势的公司，实行"拉郎配"，将公司变成一个大集团。这样，虽然可以在短时期内把公司的销售额、资产规模"做"大，但公司的内核，如技术开发、创新能力、管理水平等并没有发生实质的变化，与公司的规模形成巨大的差距，落后的技术和管理水平日益显现出劣势，最终把公司拖入失败的深渊。

公司管理者要认识到：公司扩张不能贪大、求快、盲目投资，陷入规模扩张的误区，要根据自己的实力进行，以资本为纽带，建立面向市场的新产品开发和技术改造机制，否则即使公司扩张了，也难以实现稳定、持续的发展。

第七篇
军争篇

　　《军争篇》中强调利用最基本的环境因素"以迂为直,以患为利"达到取得战势的最佳状态。掌握事件的主动权也是《军争篇》中着力强调的。把握主动,是军战和商战中最为基本的策略。战场和商场是人们高度发挥能动性的地方,情况千变万化,战机稍纵即逝,临敌应变全靠将领审时度势,因势利导。

原文

孙子曰：凡用兵之法，将受命于君，合军聚众，交和而舍，莫难于军争。军争之难者，以迂为直，以患为利。故迂其途，而诱之以利，后人发，先人至，此知迂直之计者也。

军争为利，军争为危。举军而争利则不及，委军而争利则辎重捐。是故卷甲而趋，日夜不处，倍道兼行，百里而争利，则擒三将军，劲者先，疲者后，其法十一而至；五十里而争利，则蹶上将军，其法半至；三十里而争利，则三分之二至。是故军无辎重则亡，无粮食则亡，无委积则亡。

故不知诸侯之谋者，不能豫交；不知山林、险阻、沮泽之形者，不能行军；不用乡导者，不能得地利。故兵以诈立，以利动，以分和为变者也。故其疾如风，其徐如林，侵掠如火，不动如山，难知如阴，动如雷震。掠乡分众，廓地分利，悬权而动。先知迂直之计者胜，此军争之法也。

《军政》曰："言不相闻，故为之金鼓；视不相见，故为之旌旗。"夫金鼓旌旗者，所以一民之耳目也。民既专一，则勇者不得独进，怯者不得独退，此用众之法也。故夜战多金鼓，昼战多旌旗，所以变人之耳目也。

故三军可夺气，将军可夺心。是故朝气锐，昼气惰，暮气归。善用兵者，避其锐气，击其惰归，此治气者也。以治待乱，以静待哗，此治心者也。以近待远，以佚待劳，以饱待饥，此治力者也。无邀正正之旗，无击堂堂之阵，此治变者也。

故用兵之法，高陵勿向，背丘勿逆，佯北勿从，锐卒勿攻，饵兵勿食，归师勿遏，围师必阙，穷寇勿迫，此用兵之法也。

译文

孙子说：大凡用兵打仗的规律是，将领从国君那儿接受命令，聚合民众，组成军队，此后一直到两军军门相对，遥相宿营，即将开始会战，这一期间没有什么与两军各争先机之利更困难的了。两军各争先机之利的难点，在于如何把看似迂回的路线变得近直，把患害转成便利。所以要故意走迂回的道路，并以小利引诱敌人，比敌人晚出发，却比敌人早到达会战地点，这才是懂得了将迂回路线变得近直的奥秘。

两军各争先机之利既有好处，也有危害。如果军队带着全部装备物资去争夺先机之利，反而会因行动迟缓而不能及时到达会战地点；如果丢下物资装备而去争夺先机之利，那么物资装备就会损失。因此卷起盔甲，疾速行进，日夜兼程，不停下休息，走上100里去争夺利益，那么上、中、下三军的主帅就会被擒获，士卒中的强健者走在前面，疲弱者落后掉队，这种情况下的规律是只有十分之一的士卒能到达会战地点。走50里去争夺利益，就会使先头部队的将领遭受挫败，这种情况下的规律是只有一半的士卒能到达会战地点。走30里去争夺利益，其规律是只有三分之二的士卒能到达会战地点。所以军队没有军械装备就会失败，没有粮食就会失败，没有物资储备就会失败。

所以，不了解一个诸侯国的战略谋划，便不能与其结交；不了解山林、险阻、沼泽的地形，便不能行军；不用向导带路，便不能利用地形。因此，用兵打仗是凭借诡诈手段获得成功的，是依据获利多少来决定是否行动的，处理兵力分散与集中的问题，要根据战场实际采取灵活变通的战术思

想。所以，部队行军迅速时犹如急风；行军缓慢则严整不乱如树林；侵略敌国时，就像熊熊烈火般无可阻遏；部队驻守时，就像巍峨山岳般不可动摇；部队的状态如阴云蔽天般难以把握；部队发起冲击时，如雷击般无可躲避；掠夺乡间财物，将掳掠来的民众分给有功者；开疆拓土后，将土地分给功臣；权衡利弊得失后再采取行动。谁预先掌握了将迂回路线变得近直的奥秘，谁就能取胜，这就是获得先机之利的方法。

《军政》说："将官的言语号令，士卒听不见，所以设置了金鼓以指挥行动；将官的动作指令，士卒看不见，所以设置了旌旗以指挥打仗。"金鼓与旌旗，是用来统一军队行动的视听工具。士卒的行为如果已经做到了步调一致，那么勇敢的就不敢单独前进，怯懦的也不敢单独后退，这就是指挥大部队的方法。所以，夜间作战多使用火光和金鼓，白天作战多使用旌旗，这是为了扰乱敌人视听。

可以使三军士卒失去战胜敌人的锐气，也可以使将军失去战胜敌人的心理意志。在打仗过程中，士气始而锐不可当，继而怠惰，终则衰竭。所以善于用兵的将领，应避开敌人锐不可当的时候，而在敌人士气衰落时出击，这是掌握了敌我双方士气变化的规律。用自己的严整有序对付敌人的混乱不堪，用自己的安宁镇静，对付敌人的喧哗骚动，这是掌握了敌我双方的心理特点。用自己的近道便捷对付敌人的远途奔波，用自己的安逸对付敌人的疲劳，用自己的饱食对付敌人的饥饿，这是掌握了敌我双方的战斗力情况。不要截击旗帜齐整的敌人，不要攻击军容壮大的敌人，这是采取了灵活变通的战术思想。

用兵打仗的原理是：敌人如果占据了高地就不要仰攻；敌人如果背靠高地就不要迎击；敌人如果假意败逃就不要追击；敌人有锐气时不要进攻；敌人抛出的诱饵不要吞食；对退归本国的敌军不可阻截；对已被包围的敌人，应给他们留下一个缺口，以避免其负隅顽抗；对陷入绝境的敌人不要逼迫。这些就是用兵打仗的原理。

读解心得

在企业竞争中，想一帆风顺达到目标是不现实的，过程中必然要经历弯路曲折才能完成目标。太直接了会让竞争者一下子就知道了我们的真实意图，有时迂回曲折，反而让竞争者摸不着头脑。

在商战中，利用向导或者熟悉商业规则的人，就能使企业少走弯路。企业竞争要靠谋略取胜，要靠是否有利于企业而决定是否行动，要靠环境与具体情况的变化而决定分散与集中各种资源，巧妙合理利用资源。

在管理中，为了避免沟通上的误解，管理者在安排执行任务时，尽量以书面形式，准确传达。在执行的过程中，想方设法激励员工提高效率和效果，尽量避开竞争对手的锐气，等竞争对手的士气衰竭或者松懈疲惫时进行攻击。不要攻击已经占据先天优势的竞争者，不要进攻假装失败、假装欠缺还击能力的企业，不要进攻士气旺盛的企业，不要去贪图竞争者企业给予的小利益，包围竞争对手要留有余地，不要过于逼迫已陷入绝境的竞争对手企业……这些做法，都是最基本的企业竞争之道。

商例活用

 军心稳定的组织，才有强大的战斗力

孙子说："故三军可夺气，将军可夺心。"古人所说的"心"，泛指人的思想、意志、品德、情感、决心，等等。战争的指挥者是"将"，动摇了"将"的决心，使其作出错误的决定，战争的胜负就可想而知了。

如何才能动摇"将"的决心呢？

张预在为《十一家注孙子》中作注道："心者，将之所立也。夫治乱勇怯，皆主于心。故善制敌者，挠之而使乱，激之而使惑，迫之而使惧，故彼之心谋可以夺也。"用现代的话来说就是：决心，是将军所赖以指挥战争的支柱。军队的整治、混乱、威勇、怯弱，都取决于将军的决心。善于降服敌人的军队统帅，用计谋阻挠敌人的计划实施，使敌军混乱；激怒敌人，使敌人丧失理智；胁迫敌人，使敌人畏惧。所以，敌军将领的决心是可以动摇的。

在孙子眼里，将领利用军心作战的方法是，用治理严整的军队来对付军纪混乱的敌人，用镇定平稳的军心来对付躁动的军心。军心在企业组织中的重要性不言而喻。如果一个组织军心稳定，那么这个组织就会有强大的战斗力，所向披靡。相反地，如果军心不稳，整个组织就会如同一盘散沙，毫无执行力可言。

★★★★★

1939年纽约世界博览会的活动中，老沃森组织了3万人去参加庆典活动。IBM职员乘坐老沃森为他们包下的10列火车浩浩荡荡地从恩地科特工厂驶向纽约。一路上职员们欢声笑语，手舞足蹈，好不快活！然而，当天晚上悲剧发生了，一列满载IBM员工家属的火车在纽约地区撞上了另一列火车的尾部，不知有多少人伤亡。此时正是深夜两时，四周一片黑暗。老沃森接到电话，二话没说，一骨碌从床上爬起来，带着他的女儿坐上汽车就向出事地点奔去。火车上的1500人里有400人受伤，有些人还伤得很严重，还好没人死亡。此时，天已大亮，老沃森和女儿一整天都留在医院里，与人们谈话，并确保伤员们得到最好的医疗护理。老沃森又打电话向纽约总部发出指示，总部的管理者们立即忙碌起来。一些医生和护士源源不断地来到出事地点，一列新安装好的火车把那些没有受伤的人以及受了点轻伤但不妨碍继续乘车的人接往纽约。当他们到达纽约时，IBM已把纽约人旅馆改造成一座设施齐全的野战医院。老沃森直到第二天深夜才返回曼哈顿，回去后的第一件事就是命令部下为受伤者的家庭送鲜花。许多花店的管理者在深夜被从被窝里叫出来，为的是第二天一早把鲜花送到伤员的病房里。

老沃森处理事故的做法中处处透着对员工的关爱，人们从这些关爱中感受到了温暖和战胜悲剧的力量。这件事后人们会变得更加团结，更加以IBM为荣。假如，老沃森没有出

现或没有及时出现在事故现场,事情又会朝着怎样的方向发展呢?显然不会处理得这样圆满,甚至会激发矛盾。

古人云"士为知己者死,女为悦己者容""感人心者,莫过于情"。有时管理者一句亲切的问候,一番安慰话语,都可成为对下属的激励。因此,现代管理者不仅要注意以理服人,更要强调以情感人。感情因素对人的工作积极性影响巨大,正是由于它击中了人们普遍存在着"吃软不吃硬"的心理特点。我们的管理者也应当灵活地运用,通过感情的力量去鼓舞、激励员工。

★★★★★

20世纪20年代末,由于全世界经济不景气,曾经畅销一时的松下国际牌自行车灯,销售也开始走下坡路。此时操纵公司发展的松下幸之助却因为患了肺结核就医疗养,当他在病榻上听到公司的主管们决定将二百名员工裁减一半时,他强烈表示反对,并促请总监事传达他的意见:"我们的产品销售不佳,所以不能继续提高产量,因此希望员工们只工作半天,但工资仍按一天计算。同时,希望员工们利用下午空闲的时间出去推销产品,哪怕只卖出一两盏也好。今后无论遇到何种情况,公司都不会裁员,这是松下公司对员工们的保证。"受到裁员压力困扰的员工们听及此,都感到十分欣慰。松下幸之助凭着坚强的意志和敏锐的决断力,用真挚的情感来打动部属,挽救了松下电器。从这一天起,众多的员工们积极地遵照他的命令行事,到翌年二月,原本堆积如山的车灯便销售一空,甚至还需加班生产才能满足客户的需求。至此，松下电器终于突破逆境，走出阴霾。

信心和热情是一切事业成功的关键，这一点对于销售工作尤为重要。作为管理者，如何从根本上消除员工的悲观失望情绪，树立他们的信心，激发他们的工作热情，是企业能否走上成功的关键所在。态度决定一切，积极自信的人会迸发出惊人的创造热忱和工作热情，完成不可完成之事。

通过加强与员工的感情沟通，让员工了解你对他们的关怀，并通过一些具体事例表现出来，可以让员工激发出主人翁责任感和"爱厂如家"的精神。中国有一句俗话："受人滴水之恩，当以涌泉相报。"对于绝大多数人来说，投桃报李是人之常情，而下级群众面对管理者对自己的感情投入回报得更强烈、更深沉、更长久。这种靠感情维系起来的关系与其他以物质刺激为手段所达到的效果不同，它往往能够成为一种深入人心的力量，更具凝聚力和稳定性。

用情感来激励员工，不只可以调节员工的认知方向，调动员工的行为，而且当人们有了更多一致的情感时，即人们有了共同的心理体验和表达方式时，集体凝聚力、向心力即成为不可抗拒的精神力量，维护集体的责任感、使命感也就成了每个员工的自觉立场。

自古以来，那些战功显赫的将军们，大多是爱兵如子的人。现代的企业管理者若想创出辉煌业绩，赢得员工的拥护，就要真心地关爱员工，帮助员工。如果你能在严肃的同时充满对员工的爱，真心地替员工着想，那么他们也自然会替你着想，维护你、拥戴你。

坤福之道

"人心齐，泰山移"，员工的忠诚和积极性是企业生存和发展的关键。所以企业管理者要懂得关心每一个员工，从而营造出融洽的"家"一般的氛围，增强员工对公司的归属感。公司经营良好时便大量雇人，不景气时又大量裁员，这其实是一种不负责任的做法。这样做不仅不利于人才的培养，不利于公司长远发展，而且也是对人才的不尊重，当然更无法有效地留住人才。

创新崇尚成功，同时也要容忍失败

英国军事理论家利德尔·哈特在其所著的《间接路线战略》一书中指出：在战略上，最漫长的迂回道路，常常是到达目的地的最短途径。采取间接路线，即避开敌人所期待的进攻路线或目标。这一论点，可谓是对"以迂为直"所作的注解。

孙子议论迂直问题时，指出："军争之难者，以迂为直，以患为利。故迂其途而诱之以利，后人发，先人至，此知迂直之计者也。"意思是，争取先机之利最困难的地方，是要把迂回的弯路变为直路，要把不利变为有利。通过用迂回绕道的佯动，和以小利引诱敌人，从而能比敌人后出动却先到达所要争夺的要地，这就是懂得以迂为直的方法了。孙子认为在曲折、困难、不利作战的情况下，换一种思维模式和方法，甚至是退缩或忍让，不失为一种好的选择。这样往往能使自己摆脱困境，反过来争得先利和主动，赢得胜利。

这种以迂为直的方式体现了创新的思维，也就是说，企业在进行创新的过程中，不要害怕陷入困境而不敢行动。失败是企业创新路上的必经之痛。在企业创新的过程中，成功和失败就像一枚硬币的两面，崇尚成功，同时也要容忍失败。

大多美国企业的管理者都知道要想让员工敢于创新，就要先让创新者打消害怕失败遭受惩罚的念头。这些管理者深明这样的道理：要想进行卓有成效的创新，就得进行不同形式的尝试，并在尝试中保留正确的东西，摒弃那些无效的东西。所以，要进行创新首先必须建立起"失败后还有明天"的思维，创造更加自由宽松的环境，让"接受失败，容忍失败"成为一种普遍认同的文化。

★★★★★

奥蒂斯电梯公司就是这样一家典型的美国企业，它的总裁苏米特拉·杜塔就对员工宣扬这样的观点："放手去做你认为对的事，即使你犯了错误，也可以从中得到经验教训，不再犯同样的错误。"这样一来，企业的所有员工便可以放心大胆地去探索、试验、发挥创意，为企业做出一番贡献。

苏米特拉·杜塔经常鼓励下属，他说："如果我们只知道执行上司认为对的事情，这个世界永远也不会加速进步。"他要求公司的每一个主管必须鼓励和培养员工的创造力和毅力。"年轻人总是有些创意的，主管不应该只懂得向他们填塞那些现成的观念，这样可能会扼杀不少本来很好的创意。"苏米特拉·杜塔还认为，企业不宜将员工的职责范围定得太细、

太清楚，这样既不聪明，也没有必要。只有管理者把所有员工视为一家人，员工才会安心自觉地做好力所能及的事。否则，只会限制员工的创意和灵感的发挥，损伤创造力。在奥蒂斯电梯公司，是不允许责罚犯了错误的员工的，解决问题的关键是找出犯错的原因，而不是惩罚犯错误的人。

有一位公司的总裁曾经对苏米特拉·杜塔抱怨说，公司里有时会出点差错，但又找不出该负责任的员工，真不知为什么。苏米特拉·杜塔赶紧回答，找不出是好事，如果真找出那位员工，可能就会影响其他员工。他说："任何人都可能犯错误，我也犯过错误，尤其是在创新过程中更是如此，但是从长远来看，这些错误也不至于动摇整个公司。错误也许不可原谅，但是犯错的人却是可以原谅的，如果一个员工因犯错误而被剥夺升迁机会，也许就此一蹶不振，谁还愿意为公司做更大贡献呢？"

这个世界就是如此，很多东西是无法预料的，失败和错误更是创新过程中的有机组成部分。管理者要想得到正确的东西，就要在不断失败的尝试中寻找，就像3M公司的那句名言："为了发现王子，你必须与无数个青蛙接吻。"吻到青蛙并不是坏事，最糟糕的是员工不敢采取任何实质性的创新行动。如果没有那些失败的体验，就不可能获得创新的成功，这是颠扑不破的真理。因此，企业只有建立一种鼓励创新、允许失败的企业文化，员工才会积极主动地进行创新。

事实上，真正成功的新构思背后是成千上万个失败的创意，但是这种失败对企业并非有害，实际上失败可能正是下一轮创新的发力点。因此，只有允许失败才能真正鼓励创新，否则一切都是空谈。既然创新过程中无法绕开失败，要想"在失败中前进"，必须克服对失败的恐惧。只有有效处理失败带来的恐惧与重新建立愿景之后，才能克服对进行创新的恐惧心理。

一是要公开支持失败。要想及时做成任何一件新鲜事，都必须对失败给予公开的有力支持——不只是支持"有意义的试验"，而且要公开支持失败本身，要公开谈论失败。

二是要奖励失败。奖励那些最有意思、最富创造性、最有用处的失败，可以用一些富有幽默感和玩笑意味的实物来奖励，如弯曲的高尔夫球杆、两辆汽车撞在一起的模型。企业可以要求经理人定期这样奖励下属，甚至也可以每年举行一次"遗憾者宴会"，以激发下属创新的积极性。

三是设立失败专用基金。当代社会是一个科技高速革新的时代，要想在市场中占有一席之地，及时、迅速的技术创新当然不能迟到。为了解决研发人员"摔跟头"的后顾之忧，企业可以设立科技风险基金，新项目研发成功盈利后返还研发经费，失败了经费则由基金承担，研发人员就可以放手大干了。

总之，创新的过程实际上就是一个不断试错的过程。有位哲人说过，世界上最清白、立得最直的是石头雕成的人，敢为人先、敢吃"螃蟹"的创新者，是崎岖道路上的跋涉者，是走向高峰的攀登者，而失败恰恰是其迈向成功的阶梯。一个不能宽容失败的企业，不可能有真正的成功。

坤福之道

鼓励自由创新、宽容创新失败,是检验一个企业是不是有创新勇气的试金石。当创新者有所失误、失败之时,企业理应提供一种宽容的氛围,鼓励他们在前进的征途上,以志气和胆气创造造福时代的辉煌业绩,用锐气和豪气写就排除万难的绚丽篇章。

隐藏战略意图,投消费者所好开拓市场

"兵不厌诈",是战争中的一个重要的战略思想和战术原则。"诈"在心理学上就是制造错觉,通过假象混淆视听,扰乱敌方的心志,以迷惑敌人,使其上当受骗,我方抓住有利时机,达到克敌制胜的目的。孙子认为在战争中要把握主动,争取胜利,就要善于利用巧妙的变化,虚虚实实,真真假假,采用各种计谋,使敌人难以理解我方行动的真正意图,然后出奇制胜,取得胜利。

在商业经营中,如与人投资合作但不了解合作对象的底细,这种合作必然得失败。同样地,产品进入某一地区,要在该地区争取顾客,打开销路,必须了解当地风俗民情、消费习惯和兴趣爱好,从不同地域、不同民族民俗差别入手,投其所好,经营具有特定功能的产品,这样才能占有优势。随着商场竞争的激烈,各大企业也非常重视以智取胜,往往通过"诈术"迷惑对手,在对手疏于防范之际出手。商家如果想在短期内取得出奇制胜的效果,则可以采取一些故弄玄虚的手段,让竞争对手摸不透、看不清自己的战略意图,以

达到迅速抢占市场的目的。

比利时商人范德维是一位商业奇才,他善于发现商机,从中获取了极大的财富。

首先,范德维发现,在阿拉伯国家,所有穆斯林每天都要朝着麦加的方向祈祷,无论在家里还是出门在外,从不间断。于是他把嵌有指向"圣地"麦加的指针的地毯卖给了阿拉伯人。有了这种地毯,穆斯林教徒只要把它往地上一铺,就能随时随地地祈祷。这个新颖又方便的东西一经推出,就被抢购一空。

还有,范德维发现,在非洲所有的政府部门都要挂上元首的照片。但非洲气候湿热,通常这些照片没挂多久就发黄变形,得常常更换。于是范德维就想到把元首头像制成壁毯,这样不仅美观耐用,而且制作成本也不高。范德维制作了很多非洲元首的头像壁毯,销量都非常好。

正是由于范德维清楚地了解这两个地方的风俗民情,才抓住了这两个连当地人都没看出的商机,最后获得成功。

爱好摄影的人都知道,直接拍摄被聚光灯照得发亮的东西,会曝光而完全看不出被拍摄的物体。要拍摄出清楚美丽的照片,必须采用部分受光的技术,配合被拍摄物体的曝光程度来拍摄。在营销中说服他人也是同样的道理,必须找出适合的方法。换言之,必须想清楚以怎样的角度去接近对方较好。预先探查对方是个什么样的人,收集对方的一些相关资料，就能事先准备好去接近对方的方法。有了事先的准备，说服中自然就不会慌乱。如果要说服的是个人，那么须事先收集其简历、兴趣、出生地、家族成员等资料；如果是公司的话，其经营状况、往来客户、产品特色等，都要充分了解。

据说，要劝说酒精中毒者戒酒，最有说服力的人是具有相同痛苦经历的人。因为伙伴意识能够削弱戒备心理，创造虚心听取意见的气氛。有经验的销售人员，一进入顾客家中，总会立刻找到这家主妇感兴趣的话题进行交谈。例如，看到地毯，马上会说："好漂亮的地毯，我也很喜欢这种样式……"这样，借助各种话题就可与对方进行良好的沟通。

当然，投其所好应有"度"，不能将其变成了奉承、讨好，那样的话，可就让人不舒服了。

> 世界上任何人都有他感兴趣的事情，也有他漠不关心的事情，对于自己感兴趣的事情，人们总是愿意花更多的时间和精力去关注。

发起情感攻势，寻求情感共鸣

孙子认为，善于用兵的人"无邀正正之旗，勿击堂堂之阵。"只有在沉重打击敌军士气（夺气）、严重动摇敌军指挥决心（夺心）之后才发动进攻，从而能够"以治待乱，以静待哗"，达到不战而屈人之兵的目的。在这里，孙子提出了心理战在战争中的重要作用。所谓心理战，是指敌对双方运用心理学原理，通过宣传和其他活动，从精神上瓦解敌方国家及其军队的作战意志，它通常分为政治心理战、经济心理战、外交心理战和文化心理战等。历史上著名的"四面楚歌"就是典型的心理战，通过歌声来动摇项羽军队的意志和决心，从而取得战场的主导权。

在战争中，要夺敌军将士之"气"；而在市场营销中，要夺消费者之"心"。人都是有情感的，商家只有从心理上打动消费者，才能牢牢地吸引住消费者。于是，情感营销应运而生。所谓情感营销就是把消费者个人情感差异和需求作为企业品牌营销战略的核心，通过借助情感包装、情感促销、情感广告、情感口碑、情感设计等策略来实现企业的经营目标。

最常见的就是"老乡情结"，许多销售员喜欢询问顾客的籍贯，当得知对方来自某地时，他们会非常欣喜地说自己也来自那儿，或者自己的某个朋友和亲戚也来自那儿。接下来，他们会动用高明的技巧拉近关系，这样一来消费者就容易因为"老乡情结"而难以拒绝对方的业务推销。

还有一种常见的问题就是兴趣点的共鸣，销售员会套出消费者喜欢的东西或者擅长的东西，然后强调自己也非常喜欢这类东西，或者在谈话中刻意延展这一话题，证明自己也在关注这些东西。由于有了共同的爱好和兴趣点，销售员更容易和消费者聊到一块，而更为重要的是，消费者会觉得销售员很亲近或者值得深交，并对销售员推荐的产品和服务产生良好的印象。

无论是老乡情结还是兴趣点的共鸣，都是销售员发起的

一种情感攻势，其目的就是在情感上消除彼此之间的陌生感和不信任感，并且尽量让双方进入同一个层面和框架谈话，以提升彼此之间的互动性。这些情感表达更加侧重于一些社会关系上的建立和拉拢，通过强化彼此之间的关系来建立情感。

这种情感攻势不仅仅在于强调彼此之间的社会联系，还在于一种情感上的感染，或者说在于销售故事的包装。一些商家非常擅长讲述一些感人的故事，或者传递一些比较感人的信息。

★★★★★

运动相机（GoPro）曾经是一家生产高清摄像机的公司，这家公司为了提升销量想了很多办法，但是效果并不好。为了引起消费者的关注，公司推出了一个小视频，展示的内容是消防员解救一只小猫。

2013年，加利福尼亚州的弗雷斯诺小镇上发生了一起火灾，消防员立即赶往现场。当时消防员注意到房子里有一只小猫，于是就花费大力气将其解救出来。这一过程都被安装在消防员头盔上的GoProHero3高清摄像机拍摄下来。经过适当剪辑之后，公司将视频上传到网上，结果在短短几周之内就达到了150万的浏览量。虽然小猫最终因为吸入太多烟雾颗粒而死亡，但是这个小视频让公司声名鹊起，因为整个解救过程充满了人性的关怀和对生命的重视。这种同情心和爱心原本是属于消防员的，却影响了大众对运动相机公司的看法，大家纷纷赞美这是一家有温度、有爱心且科技实力超群的公司,随后运动相机公司的摄像产品很快热销全球。

★★★★★

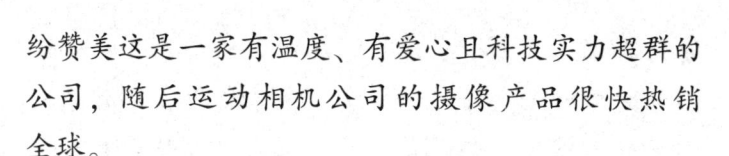

对于销售员来说,与其千方百计说服对方相信自己的产品质量上佳,值得信赖,还不如直接抓住消费者本能的反应,而情感就是最本能的一种体现方式。对于任何人来说,情感都是指导个人行为的一个基础,换句话说,个人的行为往往会受到情感的影响,人本身又是情感丰富的生命体,很容易因为外界的刺激而引起情绪和情感上的变化。因此,销售员只要想办法刺激人们的情感和情绪,就可以更好地引导消费者的消费行为。

★★★★★

日本的山叶钢琴在进军中国台湾市场时,曾经打出了一条著名的广告语:"爸爸妈妈都希望自己的孩子是最好的,从孩子呱呱坠地起,所有的父母就希望孩子是最好的,希望孩子健康快乐成长。山叶愿与父母共同分担这个心愿。学琴的孩子不会变坏!""学琴的孩子不会变坏",这句话很快成了一句流行语,山叶钢琴也因此在台湾市场上名声大噪,受到很多家庭的喜爱,销量一路上扬。其实山叶钢琴在台湾市场的成功在于对父母养育子女情感的把握,它符合了父母对子女的期许和心愿。当时的台湾正是电子游戏机风靡的时候,很多孩子放学之后就去游戏厅玩游戏,不仅耽误了学业,而且还容易影响性格的发展,甚至误入歧途。为了避免孩子对游戏上瘾，很多家长想尽了各种办法。而山叶钢琴的口号无疑给父母指明了一条道路，那就是让孩子学习钢琴，使得孩子的注意力可以从游戏厅中转移出来。

★★★★★

讲述一些充满感情色彩的故事，往往可以影响消费者的情感和情绪，可以唤起消费者的一些美好记忆和感受，而这往往能够增加消费者对于产品和服务的好感，拉近产品和消费者的距离。这正是情感在销售中所能发挥的主要作用，相比于直接介绍产品多么出色，情感上的联系和表达往往能够让消费者主动肯定这款产品，情感还会为产品的品牌形象加分。

坤福之道

情感营销成功的关键在于商家能够站在客户的立场上来思考问题，这需要摒弃以往的"我生产，你来买"的陈旧营销思路，而充分地考虑客户的需求，甚至还要想在客户的前面。企业与消费者之间的这种互动，让双方不仅仅局限于一种买卖关系，而逐步过渡为一种立足于长远的伙伴关系，从而能够让企业和消费者共同成长。

必要时要收起锐气，择机后发也可制人

孙子说，军队初战，士气锐盛，继而懈怠，最后衰竭。所以，善于用兵打仗的人，总是避开敌人初来时的锐气，待其士气懈怠和衰竭之时再行攻击。这是掌握军队士气变化的

一般规律。用自己的严谨对付敌人的混乱，用自己的冷静对待敌人的浮躁，这是掌握将帅心理的一般规律。用自己的近道便捷对付敌人的远途奔波，用自己的安逸对付敌人的疲劳，用自己的饱食对付敌人的饥饿，这是掌握了敌我双方的战斗力情况。不要截击旗帜齐整的敌人，不要攻击军容壮大的敌人，这是采取了灵活变通的战术思想。

在这里，孙子提出了"善于用兵者"的基本素养和"制胜之道"。胜兵之道，在于打击敌人三军士卒的气势、勇气，破坏敌军将帅的心理素质。

战争如果不讲策略，让将士与敌人硬拼，那么即便是指挥得当也免不了损兵折将。所以，作为一个优秀的将帅，首先要考虑的是如何寻找敌人的弱点，发挥自己的强势，特别忌讳以弱攻强。所谓"避其锋芒"，就是要避开敌人的强势，如果敌人士气正旺，那么就要想办法打击敌人的士气。在敌军士气低迷的时候出兵，用我军的强势打击敌人的弱势，那么必定会取得胜利。

"避其锐气，击其惰归"也是市场营销策略的集中表现。企业的产品如果要投入市场，那么必须认真分析竞争对手的情况，例如，对手的产品究竟有什么长处和弱点，然后针对这一情况，改善自己的产品，抢占还未被对手占领的市场。企业的经营者如果也有"以治待乱"的计策，那么就可以趁竞争对手懈怠或力量薄弱的时候出击，抢占市场。

★★★★★

20世纪20年代初，众多汽车公司为了满足不同消费者的喜好，纷纷开发出了色彩鲜艳明快的各种车型，都获得了很好的市场反响。而福特公司却

毫无动静,依旧只生产单一的黑色福特车,因此销量逐步下滑。

面对外界的种种压力,福特仍然坚持黑色。后来福特公司内部员工也忍不住告诉亨利·福特:"外面都在传言我们公司要倒闭了!"而亨利·福特则神秘地笑着说:"传吧,谣言再多些才好呢!"

1927年5月,福特突然宣布旗下T型车将全部停产,这个重磅消息瞬间传遍了整个美国,它似乎更加印证了福特即将倒闭的传闻。但奇怪的是,生产T型车的工厂都停工了,却没有任何人被解雇。敏感的新闻媒体立刻抓住了这一机会,各种关于福特的传闻与猜测频频出现在各大报纸的头条之上。

很快,亨利·福特见所有的人的目光都被牢牢吸引过来了,于是他宣布:新的A型汽车将于年底面市。这个消息的宣布比当初T型车停产的消息更加引起轰动,所有人都开始翘首企盼新车型的面市。当年12月,具备了华丽色彩、典雅线条以及低廉价格的福特A型车如约而至,一时间销售空前火爆,而福特公司也因此实现了再一次的腾飞。

当各大公司纷纷调整产品,改变汽车色彩和外形的时候,亨利·福特明白,这时候若只是简单地跟风,根本引不起多大的市场反响;采用以逸待劳的妙计,先选择养精蓄锐,等其他公司都偃旗息鼓之后再发起进攻,不仅可以事半功倍,同时还能赚足消费者的好奇心,大大促进销量。在这一点上他可谓老谋深算。

在商业竞争中，经营者也需要认清形势，懂得"锐卒勿攻"的道理，不要冒险和强大的竞争对手硬拼人力、物力和财力，而是要找出竞争者的弱点，发起进攻，才能一举成功。

第八篇
九变篇

　　中国战略特别关注"变"字,在"变"中将自己掌握的各种战略方法灵活组合起来,在"变"中将对手的弱点暴露出来,在"变"中形成一种有利于自己的战略平衡,在"变"中寻找出奇制胜的良策。"变",是战略运筹的灵魂,是战略指导中永恒不变的一个原则。商场如战场,瞬息万变,如何应对变化的情况?如何在变化中把握商机?这是值得我们思考的问题。

读《孙子兵法》 悟管理智慧

原文

孙子曰：凡用兵之法，将受命于君，合军聚合。圮地无舍，衢地合交，绝地无留，围地则谋，死地则战，途有所不由，军有所不击，城有所不攻，地有所不争，君命有所不受。

故将通于九变之利者，知用兵矣；将不通九变之利者，虽知地形，不能得地之利矣；治兵不知九变之术，虽知五利，不能得人之用矣。

是故智者之虑，必杂于利害，杂于利而务可信也，杂于害而患可解也。是故屈诸侯者以害，役诸侯者以业，趋诸侯者以利。故用兵之法，无恃其不来，恃吾有以待之；无恃其不攻，恃吾有所不可攻也。

故将有五危，必死可杀，必生可虏，忿速可侮，廉洁可辱，爱民，可烦。凡此五者，将之过也，用兵之灾也。覆军杀将，必以五危，不可不察也。

译文

孙子说：大凡用兵打仗的规律是，将领从国君那儿接受命令，聚合民众，组成军队。在"圮地"不要宿营，在"衢地"要结交诸侯，在"绝地"不要停留，在"围地"要巧施计谋，在"死地"要拼死战斗，有的道路不要经过，有的军队不要攻击，有的城池不要攻打，有的地方不要争夺，国君有的命令不必接受。

所以将领能够通晓各种不同的地形条件下变换战术的好处，算是懂得用兵了；将领没有通晓各种不同地形条件下变换战术的好处，即使了解地形，也不能得到地形之利；指挥军队却不懂得各种不同的地形条件下变换战术的方法,即使懂得"五利",也不能充分发挥官兵的作用。

所以聪明人考虑问题,一定会兼顾有利与有害两方面。在不利的情况下看到有利的一面,作战目的才可达到;在有利的情况下看到有害的一面,祸患才可解除。所以用一些有害于诸侯的事情施加压力使其屈服,用一些事情驱使诸侯为我所用,用一些小利诱惑诸侯使其被动奔走。所以用兵打仗的法则是,不要寄希望于敌人不来攻打,而要寄希望于我方的不懈备战;不要寄希望于敌人不来进攻,而要寄希望于我方实力强大敌人无法进攻。

将帅有五种危险的性格缺陷:对一味拼死的敌将,可施计杀死他;对贪生怕死的敌将,可设法俘虏他;对急躁易怒的敌将,可通过侮辱激怒他而使他中招;对廉洁惜名的敌将,可通过侮辱他而乱其心曲;对爱护民众的敌将,可不断烦扰他,使他疲于救援,劳碌不堪。以上这五种,是将帅容易犯的过错,也是用兵的灾祸。军队被覆灭,将领被杀死,必定由于上述五种危险,不可不认真研究。

■ 读解心得

这个世界唯一不变的真理就是一切都在变。每时每刻、每个人、每件事物都在不同程度地发生着变化。那么,我们如何来适应瞬时变化的形势和环境呢?

首先,要客观地看待变化。世上的一切都会随时间的推移,发生这样或那样的变化。除了珍惜我们拥有的一切,还要看到变化是残酷的,是不以人的意志为转移的客观规律,要以一颗平常心看待变化,找到事物变化的内在规律。虽然我们不能改变规律,但可以预见和运用规律,做到趋

利避害。

其次,要积极地预见变化。任何事物的变化,都是一个量变的过程,事先或多或少都会有些蛛丝马迹或征兆,关键是你能否察觉到,提前采取预防措施,绝不能因担心变化带来的风险而停滞不前。管理者必须保持忧患意识,善于发现可能产生的不利变化,经常调查研究,超前思考问题,提高警惕性、敏感性和预见性,使事物朝好的方面发展,从而在激烈的市场竞争中立于不败之地。

再次,要尽快地适应变化。当问题出现时,要以积极的心态,立即去适应改变。如果不适应变化,就要被淘汰。现代竞争已不是大鱼吃小鱼,而是快鱼吃慢鱼。因此,在这"快者为王"的时代,速度已成为企业的基本生存法则。

最后,要在学习创新竞争中不断享受变化。享受变化是一种境界,并不是每个人或每个企业都能做到,需要承担风险,需要持续不懈地在残酷的竞争中学会与命运抗争。要享受变化,就要打造学习型企业,强化企业文化变革,实现管理创新,提高核心竞争能力。

商例活用

 **面对实力强大的对手,保存实力是关键**

战争如同风向一样,时刻在变化着,将帅用兵时,一定要"因地""因情""因势",灵活机动地处理问题,不要,故步自封。在面对五种情况("圮地""衢地""绝地""围地""死地")时,必须采取相应的对策。同时,孙子认为

任何事情都要从全局考虑，对于那些无关大局的局部目标，要坚决地"不由""不击""不攻""不争"。总之，慎重而灵活地排兵布阵，才能保证我军立于不败之地。

孙子之所以这样提，是让我们在做任何事情之前要先明事理，不明事理做的事有时看起来是对的，也许当前对自己和公司也是有利的，但长远来看是弊大于利。如今的商业竞争过度地强调利益最大化，而忽略了其中的潜在因素，导致一些企业积累数年却毁于一旦。现实管理中，不是每个领导者都具有慧眼，不是每个领导者都能看到事情的本质，中层或基础的管理者就更弱了。不是说如今时代不同了我们才需要具有长远的眼光，孙子在2500年前就提出了这一论点，那我们作为管理者，又有何理由不想办法提升自己的眼光呢？而眼光的提升需要我们不断地学习成功的企业或个人、检讨自己的失败，并从中总结经验教训。

在企业竞争中，如果你处于不利地位，那么你只有用奇谋给自己解围，否则，就是坐以待毙，只能被困死。在无法把握商机，失去竞争主动权时，能否及时地撤退显得尤为重要。对于经营者来说，没有希望的市场，要赶快撤退，另辟蹊径；不能去争夺已被别人占领的市场，以避免无谓的损失。

★★★★★

小华在县城有一家汽修厂。生意红火后，他就有了新的发展思路，把汽修厂搬到市区。可是，在汽修厂数量众多的市区生存谈何容易！首先，几家在当地市场很"霸道"的汽修厂就不容他。在他们来看，小华是来抢他们的生意的。于是，隔三岔五地就有当地的电工和工商税务等人来故意找碴儿。最可气的是，小华拿出很多资金购置的用于户外宣传的灯箱没有几天就都被人给毁坏了。小华在县城是修理行业中的骄子，哪里受过这样的气？于是，修理工中有人想去和那些人硬拼，求个公道。小华想，此时硬碰硬是不能解决问题的，自己是外地人，厂子投资不少，还没有正式营业，如果大打出手，损失最大的是自己。因此，小华意识到蛮干是不明智的，此时保存实力最重要，关键是找到对策，让自己的厂子先生存下去。那采用什么方法才可以站稳脚跟呢？

小华想到了老丈人在当地有一位朋友，于是他首先去拜访了这位熟人。没想到，这个人正是当地的村委会主任。村委会主任当着他的面把电工叫来，说明了利害关系。此后，电工不再找碴儿了。当然，小华也没有忘记逢年过节给电工打点一些。对付了电工后，小华在自己的广告上同时加上当地别的知名汽修厂的名字，免费为他们做广告。这样下来，他的汽修厂终于有惊无险地存活了下来。不到两年，小华终于凭着自己过硬的技术和良好的服务，赢得了客户的支持，生意如日中天。他在自己生意红火的同时也没有忘记关照一下同行。就这样，他不仅赢得了当地人的支持，也赢得了同行的支持。如果当初硬拼，小华哪里有今天的跨越和发展？

★★★★★

俗话说："人在屋檐下，不得不低头。"在人生奋斗的征程上，不论你是在陌生的地域开疆拓土还是因为失意面临低谷，如果你遇到"屋檐下"的境遇，切记保存实力是最重要的。不论创造一番大事业还是小事业都是同样的道理，要保持实力就需要自己暂退一步，避开锋芒。退一步，是让自己可以处于一个相对安全的位置。当然，退只是相对，而非绝对。退不是委曲求全，一味忍让，而是先顺从对方的意思，发现对方的破绽后再伺机进攻，给其致命的一击。这样既能保证个人安全，又能保全自己的最大利益。

面对实力强大的竞争对手，要想立于不败之地，保存实力是关键。留得青山在，不怕无柴烧。积累实力，机会总会有的。这一过程也是在考验管理者的能力和智慧。

具备未雨绸缪的意识，做好危机防范

用兵打仗要具有常备不懈的忧患意识，企业管理也要细看静思，识别危机。海尔总裁张瑞敏曾说过："没有危机感，其实就有了危机；有了危机感，才能没有危机；在危机感中生存，反而避免了危机。"正是这种强烈的忧患意识和危机理念赋予海尔一种创新的紧迫感和敏锐性，使企业始终保持着旺盛的活力。

★★★★★

在世界汽车行业中，每80辆轿车中就有一辆是"本田"牌。然而使本田公司首先取得引人注目的成功从而扬名天下的，还是本田摩托车。在汽车工业界，本田技研工业股份有限公司在日本国内

排名第三,但在摩托车工业界,本田技研工业股份有限公司不仅在国内是龙头老大,在世界上也是首屈一指的。1991年,本田技研工业股份有限公司的摩托车产量为130多万辆,印有"HONDA"标志的摩托车飞驰在世界各地。

早在20世纪70年代初,正当本田牌摩托车在美国市场上畅销走红时,总经理本田宗一郎却突然提出了"东南亚经营战略",倡议开发东南亚市场。

当时,摩托车激烈角逐的战场是欧美市场,东南亚则因经济刚刚起步,摩托车还是人们敬而远之的高档消费品。公司总部的大部分人对本田宗一郎的倡议迷惑不解。

这个战略的提出是本田经过了深思熟虑的,他拿出一份详尽的调查报告向人们解释:"美国经济即将进入新一轮衰退,只盯住美国市场,一有风吹草动我们便会损失惨重。而东南亚经济已经开始起飞,通常,人均年产值2000美元,摩托车市场就能形成。只有未雨绸缪,才能处乱不惊。"

大约过了一年半的时间,美国经济果然急转直下,许多企业的大量产品滞销,几十万辆本田摩托车也压在库里。然而天赐良机,与此同时,东南亚市场上摩托车却开始走俏。本田立即根据当地的条件对库存产品进行改装后销往东南亚。

由于本田公司已经提前一年实行旨在创立品牌、提高知名度的经营战略,所以产品投入市场后如鱼得水。这一年，和许多亏损企业相比，本田公司非但未损失分毫，而且创出了销售量的最高纪录。总结了这一经验，从此本田公司形成了居安思危、有备无患的经营策略。每当一种产品或一个市场达到饱和，他们就开始着手研究开发新一代产品和开拓新市场，从而使本田公司在危机来临时总有新的出路。

古人云："无事如有事时堤防，可以弭意外之变；有事如无事时镇定，可以销局中之危。"所以，无论何时何地，都要未雨绸缪，切忌临渴掘井。

人们常说："预防重于治疗"，意思是指能防患于未然，胜于治乱于已成。由此观之，企业问题的预防者，其实是优于企业问题的解决者的。

古语之中有"千里之堤，毁于蚁穴""凡事预则立，不预则废""防患于未然""防微杜渐""未雨绸缪"的典故和成语，这些都揭示了预防与放任之间的巨大差别。每一个企业的管理者都应学会企业的自我诊断和危机防范。"紧急体检、加强锻炼"已成为各个企业的当务之急。那预防危机的措施有哪些呢？

第一，要具备未雨绸缪的意识，睁大第三只眼睛，时时刻刻关注自己的薄弱环节。

第二，通过对财务数据的分析，发现企业的危机征兆。财务数据分析包括现金流量分析、资产与负债比率分析、速动比率分析、投资回报比率分析、成本升降趋势分析等。

第三，可以借助"外脑"进行危机诊断。企业对危机的预先防范和诊断可能会因为管理层的自身角度和立场，得出不切实际的分析和判断；而一些中小企业管理层诊断能力更显单薄，难以发现较深层面的"疑难杂症"。因此，可适时求助"外脑"诊断。目前我国咨询市场门类齐全，各类财务咨询、企业管理咨询、营销策划咨询、人力资源咨询、科技咨询、工程咨询均有涉及，借助"外脑"诊断可成为企业规避危机、解决危机的有效途径。

第四，实施专业的危机培训，增强危机预防常识，提高危机预防技能。

第五，加强危机模拟试验，人在熟悉的环境中往往比一脚踏入陌生的世界更能游刃有余，排练的次数多了，对危机的敏感度也会提高，往往更能发现危机的苗头，危机发生后也能更有效地化解。

经营一家企业不难，经营好一家企业就不简单了，必须时时刻刻有危机感，发现危机，改变危机，在危急中寻找机遇，在机会中寻求创新和改变，在改变中锤炼自己的核心竞争力，在竞争中收获成功的喜悦。

善于审时度势，在变化中适应变化

"九变"即是变化无穷的意思。运用在战场上，"九变"就是要求将领可以制定灵活机动的作战策略，要根据特定的地形和敌情，采取特定的战略。孙子之所以强调"九变"

的重要性,正是基于战场的变化多端,任何书本的教条都不可以生搬硬套。哪怕是制定好的绝妙计策,也要根据战场上的形势灵活地调整,要因势而变,不能墨守成规。只有真正懂得"九变",才能在战场上游刃有余,百战百胜。

变化是各种竞争的常态。其实多数人对"变"有共同的认知,只是境界不同而已。如果领导者懂得在任何时候都因环境不同而用好天时地利人和,才是真正学会管理。这里再次印证了开篇孙子提到的道、天、地、将、法。灵活应变,在不利环境中有效运用道、天、地、将、法,这是战争、商场与管理界中通用的制胜法则。企业的经营没有一成不变的模式,也没有万试万灵的经营法则。这就要求经营者要善于审时度势,从市场实际情况出发,千方百计地掌握有价值的信息,领悟变化,发现问题,在变化中适应变化,制定最好的决策。另外,市场的机遇虽然一直存在,但关键在于企业能否发现机会、把握机会,并选定正确的战略。而不懂得随机应变的企业,即便抓住机会,也很难取得成功。

★★★★★

有着三百年历史的日本三越百货公司的销售规则非常具有开创性,其创始人三井更是一位有商业头脑的生意人。那时候布料店的普遍经营手法是:把布匹送到顾客家中任其挑选,顾客买下布料后也不用立即结账,而是等到中元节或是岁末再一次结清。而三越百货公司则是把所有布料统一明码标价,绝不讲价,顾客上门选购,选中布料后需立即支付现金。这种销售方式在现在看来是再正常不过了,而在当时可算得上是一大创举。传统的销售方

式由于需要耗费极大的人力、时间，回款的周期也很长，从而产生了高昂的成本。这些成本通通被转嫁到顾客身上，因此只有有钱人和身份地位高的人才消费得起这些布料。而三越百货公司的销售方法降低了成本，使得布料价格也随之降低，因而其马上就受到了大众的欢迎。

为了满足更多顾客的需要，三越百货公司后来又废除了布料以整匹卖的老规矩，改以零售；同时店里还设有为顾客量体裁衣的工人，如果客人着急，还可现场为其赶制衣服。因此，三越百货公司越发受到人们的追捧，生意蒸蒸日上。发展到后来，三井还做起了布料批发生意，同时开了一家钱庄，办理汇款等业务。

经营有道的三井有自己的原则，就是绝不做买空卖空的生意，绝不向公家借钱。这也是孙子兵法中的"地有所不争""途有所不由"的谋略体现。三井家后面几代的继承人也都坚持了这两个做生意的原则，再加上他们也同三井一样，深谙"九变"之利，懂得迎合市场需求，适时改变自己的经营策略，使家族事业不断发展壮大，打造了一个三百年企业。

坤福之道

小至个人、家庭，大至企业、国家，都应该勇敢地适应变化、热情地拥抱变化，并且积极地创造好的变化，这样我们才会得到更好的发展。

注重细节管理，创设企业最优成长环境

"不打无准备之仗"，一切都在准备当中。如果敌人没来进攻，就疏于防备，那么势必会埋下祸根。因此"有以待""有所不可攻"才显得尤为重要，任何时候都不要把希望寄托在敌人"不来"或"不攻"上面，而应该有充分的准备，防患于未然。这是孙子提出的一种积极备战的思想，无论你何时来，我都可以从容应对。进攻有策略，防守同样有讲究。孙子历来都主张积极防御，哪怕转攻为守，都要考虑到每一个细节，坚决不给敌人有可乘之机。

在管理中，如果有良好的准备和应变的能力，就不怕困难、挫折和问题。有了系统的管理就不怕因管理不当而导致企业问题重重。在商场中没有永远的赢家，要想在竞争中始终保持优势，就必须不断增强自己的实力，防止被竞争对手抓住把柄。例如，有许多处于行业领导地位的企业，为巩固既有的地位，经常不断开发新产品和服务；换一个角度来思考，处于劣势的企业为了突破困境，一定要千方百计地寻找对手的弱点。记得有人说过，是石头都有缝，是人都有弱点，同样地，每个企业都有其劣势。企业成功的关键在于如何发挥优势，如何隐藏劣势。

★★★★★

1988年4月27日，一架波音737客机升空后不久，突然，只听见一声巨响，飞机前舱盖被掀开一个大洞，直径长达6米，一名空姐当场被甩出机外。驾驶员立即把飞机紧急降落在一个临近机场

上，出乎所有人意料的是：除了那名被甩出的空姐，机上其他人员都平安无事。

后来事故鉴定结果表明，这场空难是由于飞机老旧，金属疲劳引起的。波音公司借机宣传：这架飞机飞行已超过20年，起落九万多次，按照技术规定早该退休。但它在如此老旧的情况下，虽然出了事故，却能保住机上绝大多数人员的生命，这是对波音飞机优秀质量的绝佳证明。波音公司透过各种媒体大肆宣传这场空难，让更多的人知道了波音飞机质量绝对可靠。随后，波音公司接到了更多的订单，仅波音737飞机就被两家大公司订购了130架。仅仅一个月内，波音公司的交易额就达到了70亿美元。

波音公司本来面对的是一场公关危机，但它却巧妙地把危机转变成了一次正面的宣传，可以说是因"险"得"福"。但波音公司之所以能够如此"幸运"，完全是因为它对自己生产的每架飞机质量都进行了严格把关，这才使得它在危机到来时能转危为安。

为什么会有一些老企业历经百年仍常保辉煌，而有的企业有如昙花一现，三五年就终结了？最根本的原因是他们对待产品和服务的细节的态度不同。有经验有能力的管理者都认为，细节往往决定着管理是否真正到位。在微观运营方面有缺陷的企业往往会漏洞百出，会人为地造成产品质量下降，甚至还会出现其他祸端。只有注意细节了，才能获得持续发展的动力，使企业不断壮大。

老子曾说："天下难事，必作于易；天下大事，必作于细。"这句话精辟地指出了想成就一番事业，必须从简单的事情做起，从细微之处入手。20世纪世界伟大的建筑师之一的密斯·凡·德罗，在被要求用一句话来描述他成功的原因时，他只说了一句话："魔鬼在细节。"他反复强调，如果对细节的把握不到位，无论你的建筑设计方案如何得恢宏大气，都不能称为成功的作品。可见对细节的作用和重要性的认识，古已有之，中外共识。

> 犹太人认为，应该重视细节同整体、同大事、同战略决策的关系。不要只是一味地认为其细小、微不足道，因为任何整体都是由具体的小事构成的，它们无一不是建立在细节之上的。

在现代商海中打拼，勇谋兼具方成大事

孙子说："故将有五危，必死可杀，必生可虏，忿速可侮，廉洁可辱，爱民可烦。凡此五者，将之过也，用兵之灾也。覆军杀将必以五危，不可不察也。"在这里，孙子列出了将领的五种致命缺陷，即有勇无谋、贪生怕死、急躁易怒、太爱面子、过分爱民如子。这些弱点，在战争斗争中都可能为敌人所用、所困、所攻、所杀。中国古典哲学认为，凡事皆有度。在这里，孙子突出强调的就是为将之"度"。

孙子这里说的可杀也，也是针对这种头脑简单、只知道死打硬拼的将领，敌人可以进一步激怒他，让他更加过分地

勇猛冲杀，陷入重围和伏击。这也提示我们，大凡决策，大凡执行，都需要斗智和斗力结合起来，用计用谋和勇敢冲杀两者兼而有之，千万别一根筋。

作为一个管理者，如果过于强势，就可能被人排挤出公司；过于追求享受，就可能碌碌无为影响公司；过于急躁，就可能被他人利用而使公司和自己都受伤；过于好名好利，就容易被他人利用使公司和个人都蒙受损失；过于热爱平和，就可能在压力和变动中无法生存下去。任何一家公司里都会有这样的人，如果这样的人能团结互补，那公司将是一道铜墙铁壁，但如果目标不同，各为私利，将是公司的极大悲哀。经营企业最忌讳的是面对困难不思解决之道，而一味地硬拼。

"经营之神"王永庆是靠经营米店起家的，凭借自己的胆识，他创办了台湾第一家塑胶公司，并最终一步步发展成为塑胶大王。

★★★★★

20世纪50年代，中国台湾地区准备发展当地塑胶工业。经过一番考察后发现，日本塑胶产业已经相当发达，并且已经占领了中国台湾市场，于是，当地政府就放弃了发展计划。王永庆得知了这个消息，虽然他对塑胶工业知之甚少，但他认为台湾有发展塑胶产业的先天优势——大量氯气，他相信塑胶市场在台湾具有美好的前景。于是，在1954年，王永庆不顾外界的压力，依然和几个商业伙伴创办了台湾第一家塑胶公司。

刚开始生产，王永庆的塑胶公司就遇到了问题，其生产的产品超过了市场的正常需求量，因此大量的产品都卖不出去。公司的其他股东见势头不对，纷纷要求退股。王永庆一咬牙买下了所有股权。接着，他决定进一步增加产量，这样一来成本就会降低，售价也会随之降低，他希望以此来吸引海外的客户。谁知，由于日本的塑胶质量上乘，价格低廉，王永庆的塑胶产品根本没有什么竞争力。眼看仓库里产品越堆越多，王永庆心急如焚。最后经过深思熟虑，王永庆决定创建自己的塑胶产品加工厂——南亚塑胶工厂，直接将一部分塑胶原料生产出成品供应市场。这样两厂互补，立刻产生了巨大优势。从此王永庆独占了台湾塑胶市场，后来成了台湾首富。

★★★★★

王永庆在公司最初面临困境时，没有仔细思考造成困境的根本原因，只是一味降价"死拼"，结果不但没有缓解困境，反而造成进一步的亏损，使问题变得更为严重。事情发展到最后，王永庆冷静思考困境的根源——产业链，问题才得以解决，并因此使企业的发展上了一个新的台阶。由此可见，在现代商海中打拼，勇而无谋是绝不可取的，只有勇谋兼具方成大事。

坤福之道

商场如战场，不可能任何事情都有利无弊，如果一味避开所有弊端，那么企业也很可能无法获得更好的发展。想要主动争取到更多机会，就要从心态开始调整，并不断增加自己挑战风险的胆量。

第九篇
行军篇

"行军"的主旨是"处军"和"相敌"。"处军"即指部队行军和作战方法，宿营的原则和方法。行军是一个不断变化的过程，随时会面临困难，面临选择，讲究的就是能够进退自如。在商场作战时，不仅要懂得运用计谋，还要懂得遇事灵巧应变、兼顾心理战术。

原文

孙子曰：凡处军相敌，绝山依谷，视生处高，战隆无登，此处山之军也。绝水必远水，客绝水而来，勿迎之于水内，令半渡而击之，利；欲战者，无附于水而迎客，视生处高，无迎水流，此处水上之军也。绝斥泽，唯亟去无留，若交军于斥泽之中，必依水草，而背众树，此处斥泽之军也。平陆处易，右背高，前死后生，此处平陆之军也。凡四军之利，黄帝之所以胜四帝也。

凡军好高而恶下，贵阳贱阴，养生而处实，军无百疾，是谓必胜。丘陵堤防，必处其阳，而右背之，此兵之利，地之助也。上雨，水流至，欲涉者，待其定也。凡地有绝涧、天井、天牢、天罗、天陷、天隙，必亟去之，勿近也。吾远之，敌近之；吾迎之，敌背之。军旁有险阻、潢井、蒹葭、小林、蘙荟者，必谨覆索之，此伏奸之所处也。

敌近而静者，恃其险也；远而挑战者，欲人之进也；其所居易者，利也；众树动者，来也；众草多障者，疑也；鸟起者，伏也；兽骇者，覆也；尘高而锐者，车来也；卑而广者，徒来也；散而条达者，樵采也；少而往来者，营军也；辞卑而备者，进也；辞强而进驱者，退也；轻车先出居其侧者，陈也；无约而请和者，谋也；奔走而陈兵者，期也；半进半退者，诱也。杖而立者，饥也；汲而先饮者，渴也；见利而不进者，劳也；鸟集者，虚也；夜呼者，恐也；军扰者，将不重也；旌旗动者，乱也；吏怒者，倦也；杀马肉食者，军无粮也。甀不返其舍者，穷寇也；谆谆翕翕，徐与人言者，失众也；数赏者，窘也；数罚者，困也；先暴而后畏其众者，不精之至也；来委谢者，欲休息也。兵怒而相迎，久而不合，又不相去，必谨察之。

兵非贵益多也，惟无武进，足以并力料敌取人而已。夫惟无虑而易敌者，必擒于人。卒未亲附而罚之，则不服，不服则难用。卒已亲附而罚不行，则不可用。故合之以文，齐之以武，是谓必取。令素行以教其民，则民服；令不素行以教其民，则民不服。令素行者，与众相得也。

译文

孙子说：概括来说在不同地形条件下指挥部队与观察敌情要遵循的原则是：行军经过山地，要靠近山谷；驻扎时要选择向阳的高地；与地势高的敌人作战，我军不可采用仰攻，这是在山地指挥部队时要掌握的原则。我军渡过河流后，一定要在远离河流的地方宿营；敌军渡水来进攻，不要在水上与敌人迎战，要等敌人渡过一半再出击，这才有利；要想与敌决战，不要贴靠水边抗击敌人；我军要处于江河的上游，不要驻扎在江河的下游，这是在水边指挥部队时要掌握的原则。部队经过盐碱沼泽地带，应迅速离开，不要停留；如果与敌军在盐碱沼泽地带交战，必须依傍水草而背靠树林，这是在盐碱沼泽地带指挥部队时要掌握的原则。在平原地带应选择平坦之地安营扎寨，部队的右面和背面为高地，前为低地后为高地，这是在平原地带指挥部队时要掌握的原则。以上四种"处军"原则的好处，使黄帝战胜了四帝。

一般来说军队安营扎寨，喜好干爽的高地，厌恶潮湿的低地，推崇向阳的地方，避免向阴的地方，在水草丰茂、便于放牧且地势高的地方宿营，军中没有各种疾病流行，这是必胜的重要前提。在丘陵堤防地域，必须居于它的阳面，背靠着它，这种情况下用兵获利，是地形辅助的结果。上流有雨，洪水突至，要过河的军人，须等水势平稳下来。凡是从绝涧、天井、天牢、天罗、天陷、天隙这六种地形经过，必须赶快离开，不要接近。对这六种险恶地形，我军远离它，让敌军接近它；我军面向它，让敌军背靠它。行军途中遇到险峻难行的丘阜之地或低下积水之地，若上面长有水草、林木，茂盛密集，可供遮蔽，一定要谨慎小心，审察搜索，因为这里可能有敌人的伏兵。

敌人离我军很近却保持安静，是因为有险要地形可依靠；敌人离我军很远却发出挑战，是因为想引诱我军进兵；敌人住在平坦之地，这样做必定有利可图；许多树木摇动不停，说明有敌隐蔽前来；敌人在草木丛中设置了许多障碍物，这样做是为了迷惑我们；鸟儿惊飞，说明下面藏有伏兵；野兽惊骇奔逃，说明旁边有伏兵；尘土高扬锐直，说明敌人的战车正向我们驶来；尘土低飞而宽广，说明敌人正徒步向我们走来；尘土分散，断续不连，说明敌人正遣人砍柴；尘土少，此起彼落，说明敌人在安营扎寨；敌人来使言辞谦卑，却在加强战备，说明要向我们进攻；敌人来使措辞强硬，部队显示出要挥师进攻的架势，说明他们要撤退了；敌人的战车先出动，部署在大军的侧翼，说明敌人正在布阵，要开战了；敌人无缘无故而请求和解，说明其中藏有阴谋；敌人士卒奔走，兵车布好阵形，说明敌人期待与我们决战；敌人半进半退，这样做是想诱骗我军上当；敌人依靠着兵器站立，说明他们处于饥饿状态；士卒去取水，自己先饮用，说明敌军干渴；见到好处，却不愿进取，说明敌军疲劳；敌营上方群鸟飞集，说明敌营已空；士卒夜晚呼叫，说明军心恐慌；军中士卒惊扰，说明将领没有威望；敌军旗帜乱摇，说明他们阵形已乱；军士乱发脾气，说明敌人已倦怠；杀马吃肉，说明军中没有粮食了。收拾起汲水器具部队不返营房的，是要拼死的穷寇。絮絮叨叨、低声下气，语调和缓地与士卒说话，说明敌将已失去人心；多次实行奖励，说明敌军处境困窘；不断实行处罚，说明敌军陷入困境；先是粗暴地对待部下，而后又害怕部下叛离，说明敌将不精明到了极点；敌人前来送礼道歉，说明他们希望停战。敌人盛怒前来迎战，却久久不与我军交锋，也不撤退，这种情况一定要仔细观察。

兵力并非越多越好，不可一味迷信武力，轻举妄动，而是要做到集中兵力、查明敌情、战胜敌人。既无深谋远虑又一味轻敌的人，一定会被敌人擒获。如果士卒还未倾心拥护就施加刑罚，他们会不服，不服，就难以使用；如果已经获得士卒的倾心拥护，却未对士卒施加刑罚，那也不能使用。所以要用仁义之道凝聚他们，用法令规章约束他们，这样才能必胜。法令平时得到执行，用来训练民众，那么民众就会信服；法令平时未能得到执行，用来训练民众，那么民众就不会信服。法令平时得到执行，说明将领与士卒之间建立起了相互信任的关系。

读解心得

《行军篇》前面的大部分，孙子详细解释了行军途中遇到的各种问题和应采取的措施，以及如何判断敌情。在如今不必在野外行军的人看来，此篇属于多余，其实不然。部队懂得行军，是训练有素、技术娴熟的一个重要方面。俗话

说:"临阵磨枪,不快也光。"提高员工的专业素质,是企业的百年大计,是企业竞争力的源泉。

在麦肯锡公司的《专业提高》一书中,反复强调的一点是"学习提高":同事间相互学习提高,在工作中提高,向客户学习提高,在公司的专业培训中学习提高等。只有员工的知识和技能与业务保持同步增长,才能跟上快速发展的社会。

本篇强调了两点,一是并力,料敌,取人;二是含之以文,齐之以武。中国最缺乏的东西之一就是"法治",因为中国几千年的统治从来就是"人治"。其所谓"赏不避仇,罚不避亲",就是当赏赐时,即便他是仇人也要赏赐;当惩罚时,即便他是亲人也要惩罚。如果当赏不赏,或当赏重而赏轻,谁还会努力呢?当罚重却只罚轻,谁还会遵守纪律、听从指挥呢?

商例活用

一人多用,将员工培养成"全能战士"

在孙子眼里,打仗并不是兵越多越好。这句话反映出了精兵主义思想。对于企业而言,如果组织结构设置不当,就会因机构庞大发生冗员现象,影响运转效率。最好的方法是使组织结构保持精简,使每个人都能发挥出多倍的效用。

★★★★★

菲利普·莫里斯公司是较早采取组织结构精简的公司之一。为了适应时代的变化,促进公司的进一步发展，公司领导层决定按照精简高效的原则重新定义各职能部门和企业的组织机构，将原来各级领导的金字塔式结构转变为更重视工作能力和工作成绩的独立工作小组，使企业转变为一个简洁、高效的组织。为此，他们将原来的部门按照业务的相关性合并为不同的工作小组，各个工作小组之间根据不同时期的任务，建立相应的工作室。在各工作小组根据不同的情况选举能力强的人担任组长，并只在处理对外问题时保留原来的头衔。正是通过这种灵活的组织结构变动，莫瑞斯公司建立了适应新时代所要求的快速、高效的企业组织，并取得了理想的效果。

与之类似，林肯电气公司则是通过取消企业部门之间的界限实现了组织的扁平化。林肯电气公司的总裁罗伊·斯奇认为，林肯电气不能够容忍由于组织界限而带来的高额成本，比如发生在营销与技术之间的障碍，或在经理、主管、临时工等不同员工之间的界限。因此，为了降低这种成本，他致力于减少公司内部的垂直界限和水平界限，消除公司与客户及供应商之间的外部障碍。

罗伊·斯奇认为企业中的任何层次都有它的副作用，多一个层次就多一分控制，任何控制都将变成限制，阻碍企业的发展进步。在这一思想指导下，林肯电气开始削减管理层次，减少命令链，增加管理幅度，取消各种职能部门，并以授权的团队取而代之。他们引入了一种由高级主管、中级主

管、基层主管和员工组成的跨等级团队，目的是让员工参与决策，让员工自己评定他们的绩效，并实行360度绩效评估，这些举措旨在消除企业内部的垂直界限。在消除组织水平界限方面林肯电气也进行了诸多尝试：以多功能团队取代职能性部门，围绕公司的工作流程来组织团队活动；进行各部门间的人员横向调动及在不同职能领域的工作轮换，把专才变成通才。

　　这些措施所带来的直接效果就是使林肯电气大大减少了管理层次，增加了管理幅度，迫使各级管理人员向下级授予更多的权力，充分发挥员工的自主性。而事实证明，这些措施对于上、下级之间的信息沟通相当有利，特别是基层人员的意见能很快反映到公司的决策层，从而有效地提高了组织的执行能力。

　　扁平式组织是一种较为可靠的企业结构形式，它具有最少的层次、尽可能"平面"的组织，可以更加灵活快速地应对各种变化，保持企业人才的竞争力。同时这种扁平化的组织也利于领导层快速做出反应和决策，减少决策的障碍。扁平化组织也利于企业所有部门及人员能更直接地面对市场，减少了决策与行动之间的延迟，加快对市场和竞争动态变化的反应，从而使组织能力变得柔性化，反应更加灵敏。

　　日本来岛集团下属有180家公司，全以"少数精锐""多元化"为其经营理念。将这两个理念合

二为一，最能体现出其员工的劳动状况，即"一人三用"。这就是说，一个人最少要负责三项工作，当然，要负责二三十项工作的人也比比皆是。除了特殊职种，在来岛船坞的2万人中，大部分都能轻松愉快地担负着三项以上的任务。

片上久志虽然只有30岁出头，却有极丰富的工作经验。数年前，他单独前往广岛县丰田郡芸津町与町长议事，并负担太平工业再建的重任。当时的太平工业只是一个造船工厂，还称不上是公司。该处只有造船者，没有直接部门，由于当时来岛集团刚接收了这个工厂，需要对外联系人员，于是选择了片上。

片上虽没有任何头衔，实际上却相当于业务部长。虽然在太平工业中也有厂长、部长，但他们从未因片上年轻而倚老卖老。他们有的只是较高的职称，监督责任权则在片上。

这样，在工厂里，片上一人独掌众务，如薪资、银行交涉、包工管理、采购、劳工协商、官方交涉、船主接洽等皆为其职责所在。因此他的能力被强迫性提高，两年后再回来时，其能力已有相当惊人的发展。但这并不是表示片上具有特殊才能，继片上之后，每2~3年间都会有两个人去接替相同的工作。也就是说，片上只是来岛之中极普通的一名员工。

来岛集团的管理者认为，一个人一直待在同一部门，所学终究有限，因此在一段时间后每个人都必然要做机动性调动。这样做目的不在排除某些人，而在使人人不断获得新的经验，等他再调回来时，就可以担任比原来更高级的工作。

★★★★★

一人多用，对企业来说，可以用少而精的员工来完成需要更多人才能完成的工作，在不影响工作效率的同时，降低雇用成本。

著名通信品牌索爱的培训就是将员工朝着"全能战士"方向去培养。索爱员工培训不仅培养员工的学习能力，还培训员工的沟通能力、创造性和解决问题的能力以及基本知识等几方面。基本知识不仅仅限于工作范畴，还包括商业经营的基础内容。在有些公司，技术人员无须了解财务和企业运作方面的知识，而在索爱，每个接受基本技能培训的员工都有这门课程的学习。在索爱来看，技术人员也得知道"公司的利润从哪里来"。索爱要求员工掌握全面性的知识，目的在于使员工具有更强的工作能力。

坤福之道

千万不要以为人才越专越好，分工越细越好，一人多用，也可为企业管理运营带来意想不到的好处。员工自身自主性、能动性的提高，是打破惯例界限的必然结果，这样一来，他们会变得更加独立和乐于承担责任，其个人的工作能力也会得到很大的提高。同时，企业也可以建立起以个人为基础的活动单元，可以用更少的人员负担更多的制造、销售和服务的工作，提高效率，提升竞争力。

 以身作则，管理员工前先管理好自己

将帅要想做到"令素行"，则需"与众相得"，"与众相得"是"令素行"的前提条件和结果。但"与众相得"并不容易，首先要做到"为将之道与众同"。正如《军谶》曰："军井未达，将不言渴。军幕未办，将不言倦。军灶未炊，将不言饥。冬不服裘，夏不操扇，雨不张盖，是谓将礼。与之安，与之危，故其众可合而不可离，可用而不可疲。"就是说，军井还没有凿成，将帅不说口渴。帐幕还没有架好，将帅不说疲倦。军灶还没有做好饭，将帅不说饥饿。冬天不穿皮衣，夏天不用扇子，雨天不独自张伞，这就是将帅与士卒同甘苦的准则。将帅能与士卒同安乐、共患难，这种军队就能团结一致而不会离散，经常使用而不知疲倦。这样，士兵拥护将帅，必然誓死效命疆场，从而战必胜、攻必克。为将高高在上，甚至贪婪暴戾，必然丧失军心，一旦用之于战争，必然丧师辱国。

将与众同，尤在"与众同好，与众同恶"。孙子说："道者，令民与上同意者也。""与众相得"亦是强调上下同心。但是，要想使军队上下同心，就要求将帅平时以军纪军法严格约束士卒，以身作则，使士卒畏服，无条件地服从命令，所谓"其身正，不令而行"就是这个意思。

在政治建设和军队建设中，不能因为仁慈而废弃法律，也不能因为执行法规而丧失恩信。军队用法规来约束将士们的行为，企业也毫不例外，也应该有自己的规章制度。所谓没有规矩，不成方圆。如果一个企业没有合适的管理制度，那

必会导致员工放任自流，企业的各种流程也会陷入一片混乱之中。但光有制度还不够，能否将其落到实处才是最关键的。

领导作为制度的制定者和执行者，应当怎样才能不让自己的制度只是一纸空文呢？除了要严格地要求员工以外，自己遵守也是十分必要的，只有做到以身作则，起到模范带头作用，才能先律己后律人。不仅如此，还要勇于自我责罚，所谓"王子犯法，与庶民同罪"。只有这样的领导才会树立起威信，也只有这样的领导才能制定出行之有效的规章制度。

★★★★★

一次，美国有线电视新闻网（简称"CNN"）一个著名主持人邀请美国前总统克林顿的夫人希拉里到哈佛大学一个讲演厅接受独家采访。约定的时间到了，希拉里却没有来，女主持人用手机与总部联系。这时，看门人走上前，温和地劝她到外面去用手机，因为厅壁上贴有告示：本厅禁用手机。

不一会儿，希拉里翩然而至，两人携手在厅内坐定。女主持人似乎忘了看门人的告诫，又拿起了手机。看门人再度向前，态度虽不失礼貌，却严肃了许多："请你离开这里，女士，这里按规定不许使用手机。"

女主持人却很不知趣，反而拉起希拉里的手，对看门人说："你知道她是谁吗？"看门人当然知道她是美国第一夫人，但仍然回答说："我不在乎。"女主持人还想再说，倒是希拉里乖巧，一声对不起，赶紧拉着女持人的手走出了大厅。

★★★★★

在我们的意识里，像希拉里这种地位高贵的人物，完全有权骄横跋扈、对人颐指气使，也有资格掸掉任何对自己的"过不去"，就像掸掉衣服上的灰尘那么简单。然而这个故事，修正了我们关于"皇帝"的特权意识，也修正了我们自己的特权意识。在现代社会里，最值得尊重的并不是高贵的地位，而是公认的法则。

制度面前人人平等，任何人都得受制于制度，不得凌驾于制度之上，更不能凭自己的意愿胡作非为。凌驾于制度之上特殊人物的存在是对制度的践踏，他会使制度形同一纸空文，写在纸上，说在嘴里，贴在墙上，却无法落实在行动上。管理者要想实现卓有成效的管理，就必须做到以身作则。

"其身正，不令而行；其身不正，虽令难从。"榜样的力量是无穷的。身为一名管理者，要比员工付出加倍的努力和心血，以身示范，以身作则，严于律己，树立一个良好的形象。这样上行下效，公司整个团队的风气才会好转，从而增强公司的凝聚力。

★★★★★

本田宗一郎作为本田技研公司的创始人之一，在管理方面有自己一套独特的方式。他总是自己率先去干棘手的事、艰苦的活儿，亲自做示范，无声地告诉自己手下的员工：你们也得这样干！

有一天，为了谈一宗出口生意，本田宗一郎在一家日本餐馆里招待外国商人。和平常一样，他们叫来了艺伎助兴。正喝得起劲时，麻烦来了——一名外国商人进厕所时，不小心竟弄掉了假牙。

本田宗一郎听说后，二话没说跑到厕所，脱光衣服，跳下粪池，用木棒打捞。但是，如果用力过

猛，假牙就会沉下去，所以得小心翼翼地慢慢打捞。本田宗一郎捞了好一阵子，木棒碰到了一个小小的硬块，假牙找到了。

本田宗一郎把假牙打捞起来，冲洗干净，并进行细致的消毒处理。之后，他进了澡堂，冲洗干净了身子。假牙失而复得，本田宗一郎拿着它，又回到了宴席上，高兴得手舞足蹈。

据说本来对拿回假牙完全无望的外国商人被感动了，甚至被本田宗一郎的行为震惊了，宴会又沸腾起来了。本田宗一郎的行为，使外国商人下定决心一辈子和本田宗一郎合作下去。

管理员工之前先管理好自己。优秀企业的经营者或管理者往往都有一个共通点，即率先做别人的榜样，事事走在员工的前面。身为一个管理者，并不应高高在上，对员工指手画脚，而是事事带头、处处领先，发挥一种先锋模范作用，带动全体员工自动自发地参与到企业的发展进程中来，这样才能赢得员工的拥戴与合作。

竞争无处不在，处处都如战场。我们做公司其实就像在带兵，一举一动都将影响事业的进展。对自己苛求，这有利于减少自己的错误，减少事业发展中的弯路；对别人包容，这将会让周围的人感觉和你相处很轻松，感觉你是一个值得信任和交往的人，那么你的人际交往的圈子就会越来越大，周围的那些能人都肯为你出力，你事业成功的可能性也就会增大。一个人要想成为富人，就应该做到常自我反省，出了错要敢于承担，而对别人则要学会包容。

坤福之道

一个管理者如果想真正经营好一个企业,要通过规章制度进行严格管理,还要通过非权力性影响力使员工进行自我约束。管理者要想获得非权力性影响力,严于律己显然是一条最为重要的途径。

竞争优势是动态的,随着环境而变化

在这里,孙子提出了军队驻扎的地理位置选择问题。他认为在行军打仗时,军队要选择高地、向阳的地方和物资丰富处驻扎,这样既有利于我军保持有利的地形,无论是进攻还是防守都游刃有余,而且还能保证军粮的供应,既能让将士保持良好的士气,还能够防止疾病的暴发和蔓延。另外,在丘陵地带也要选择有利的地形,随时提防敌人的偷袭。总而言之,选择地形必须考虑怎样有利于我军,而不能给敌人可乘之机。

现在,企业员工所处的环境对于生产效率的影响,也逐渐被管理者重视。员工已不是传统意义上的"经纪人",而是现代管理所谓的"社会人"。正如乔治·埃尔顿·梅奥在1924年至1933年间进行的著名的"霍桑试验",实验最开始研究的是工作条件与生产效率之间的关系,包括外部环境影响条件(如照明强度、湿度)以及心理影响因素(如休息间隔、团队压力、工作时间、管理者的领导力)。最终发现这些因素和员工的生产率存在一定的关系,所以在企业管理中,要想使员工发挥出最大的积极性,我们就需要学习孙

子在作战中选择士兵所处的环境采取的一些方法。

"地形"对军队作战来说要满足既要能防守，又可以进攻。在商业中，我们可以把这个"地形"看作"竞争优势"，竞争优势是一种特殊的方式，它可以使组织在市场中得到的好处超过它的竞争对手。根据迈克尔·波特的竞争优势模型，竞争性战略采取进攻性或防守型行动，为企业谋求在行业内的防御地位，从而成功应对各种竞争力量，并为企业赢得超额投资回报。

★★★★★

在全球零售行业，沃尔玛的全球营业额一直都以数倍遥遥领先于家乐福。但在中国，这两家的地位却有着明显的逆转。

1995年家乐福进军中国市场，1996年沃尔玛也进入了中国。家乐福在很短的时间内就形成了浩大的声势和影响力，仅在上海的营业额就达到了近30亿元，可以说业绩骄人；而沃尔玛在2002年还处于亏损状态，赤字高达2.4亿元，到了2004年才开始转亏为盈。为什么这两家零售业巨鳄在中国的销售额有着如此大的差距？

经过调查发现，营业额的差距主要原因在于店址的选择上。家乐福的策略是先占领北京、上海、深圳、天津、沈阳、武汉、重庆等大市场，并且把店铺开在城市中最繁华的地带。而沃尔玛最初却放弃了北京、上海和广州这些特大城市的市场，而选择先在华南地区集中开店，其店址也依照在美国时的模式，选择在了城市近郊。其中最典型的例子要数重庆。家乐福把店铺开在该市最为繁华的解放碑和观音桥地段，而沃尔玛却把店开在了郊区。也许沃尔玛没有考虑到中国私家车普及率要远远低于美国，在美国可以忽视的交通问题在中国却是至关重要，贸然照搬其在美国的经营模式，无疑是搬起石头砸自己的脚。

★★★★★

竞争优势不是静态的，而是随着所处的环境变化而变化的。在你取得胜利的机会之前，力争建立和保护好你的优势，这种优势可能在今天起作用，也有可能在一年以后起作用，但不管什么情况，都应尽量保持这种优势。

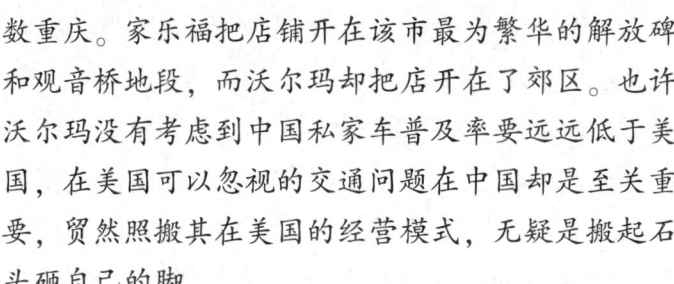

并不是所有的优势都是相同的，要懂得区分哪些是短暂的优势，哪些是长久的优势。在商业竞争中，我们不能做一个无差别的利益追求者，总有些利益和需求是我们无法占有和满足的。所以要懂得分析形势和权衡利弊，之后再作决策。

坚持公平合理原则，对下属要一视同仁

在孙子眼里，管理不仅要军纪严明，更要赏罚分明。最好的赏罚一定要坚持正直原则，只有足够正直，才能产生最大约束力。

正直是指管理者在解决下属的问题时，要坚持公平性、合理性的原则。管理者是否公道，对下属的积极性有着非常

重要的影响。正直原则要求管理者对下属要坚持一视同仁，不能有亲有疏、有厚有薄。

对下属淳厚包容，才能公正平等；公正平等，才能全面周到；全面周到，才能符合自然法则；符合自然法则，才是合乎道；合乎道，才能平安久长，终身没有危难。在这段深入浅出、言简意赅的论述中，老子提出了只有包容才能公正，才能周全，才能终身没有危难这样一个深刻的道理。只有公平，才能"常与善人"，才能"使民不争"。领导待人要持之以公正，只有做到一碗水端平，才能服众。

★★★★★

国际商业机器公司（简称IBM）的总裁小沃森认为，一个企业的首脑肩负着几乎像一个政府首脑那样的责任，一名企业首脑可能犯的最严重的错误之一是对主管和员工运用双重标准。

当小沃森最初对IBM公司实行分散经营时，他一厢情愿地假定IBM的所有经济部门都会自动执行同样严格的行为标准。经过几年时间的观察后，小沃森才意识到，一个总裁必须现场检查他的部下做出的决定。

有一次，在IBM公司下面的一个工厂，一些主管搞起了涉及美国储蓄公债的连锁信游戏。游戏内容是这样的：一个经理写信给其他五个经理，而这五个人中的每一个又继续给另外五个人写信，其中收到信的每个人都应该为给他寄信的那个人寄一笔钱，同时给另外的五个人写信，以此类推，不断循环。

这个游戏的范围很快就超越经理圈子，扩展到了员工之间，最终的结果就是员工对加入这个游戏感到了很大的压力，无力向经理们支付那笔钱。但员工们不得不参加连锁信游戏，让主管们从中捞到好处。

小沃森收到工厂员工们写来的投诉信后，把它交给了那个分部的责任人。小沃森以为分部责任人会慷慨激昂地说："我们必须开除几个为首的家伙，这件事包在我身上了！"哪知，他只是轻描淡写地说："这是错误的！"

结果是，小沃森无法说服这个分部负责人将任何一个主管开除。小沃森对其保护部下的做法表示钦佩，鉴于此，小沃森没有深究这件事，却将此事牢记在心头。

几年以后，还是在那个部门，其中一个主管开除了一个员工，因为他偷了一些设计图纸，卖给了另一家公司。应该说开除他是没有错的，只是这个主管的工作方法有些粗暴。

这个员工在他一生中有一件令他感到自豪的事情——他加入了美国陆军后备役部队，并在那里拥有少校军衔。该主管没有到这个员工的家里告诉他："你偷了图纸，公司将你解雇了！"而是在他去兵营的一个星期后宣布了对他的惩罚。

不知什么原因，军队也知晓了此事，于是那个员工在军队的职务也被解除。这种耻辱使他气急败坏，在随后的几年里，他想尽一切办法与小沃森作对，把一腔怨愤倾泻到小沃森身上。

他把画着小沃森坐牢的图片寄给他所在选区的

参议员和众议员以及最高法院的每一个法官。他死死咬住那次连锁信的事不放,因为他掌握资料,知道小沃森宽恕了直接责任者。许久以后,这个被解雇的员工才放弃此事。

这一事件的确使小沃森"吃一堑,长一智"。他明白了,维护正直原则对他和他的公司有多么重要。后来,只要管理人员违反正直准则,小沃森就毫无商量余地地将他开除。

总计起来,小沃森开除了10多名管理人员,其中还包括几名高级经理。每次,小沃森都得驳回许多人的意见,这些人坚持认为,只要把当事者降职或给他调动工作就行了,用不着开除,没有他,企业就会解体。事实上,由于小沃森的雷厉风行和毫不留情,公司的日子反而更好过了,组织管理得到了加强,企业运行有条不紊。

正直如同责任、忠诚一样重要,决定企业的发展方向,保证企业实现良性运转。处事公正是优秀管理者必须具备的品德之一,不要被手中的权力冲昏头脑,而去做有失公正的事情,无论对于企业,还是对于管理者自己,这都是有百害而无一利的。

在处理与下级的关系方面,管理者要同等对待,不分彼此,没有亲疏,不能因外界或个人情绪的影响,表现出冷热无常。当然,在实际工作中,有些领导并没有厚此薄彼的意思,但又难免愿意接触与自己爱好相似、脾气相近的下属,无形之中冷落了另外一些下属。这时管理者要适当地调整情绪，增加与自己性格爱好不同员工的交往，尤其对那些曾经与自己意见相左的人，更应该加强沟通，增进了解，避免有可能造成的误会和隔阂。有一些领导将与下属建立亲密无间的感情和迁就错误混淆起来，对于下属的一些不合理的甚至无理的要求也一味迁就，用感情代替原则，使纯洁的情感庸俗化。实际上，这是把下属引入了一个误区，对工作对下属都不利。

管理者在表扬下属时也应当遵循公平公正的原则，公司中每个人机会应当是相等的。干得出色的下属，当然值得表扬，该评功论赏的也要给予奖赏，但平时应该和其他员工一视同仁。因为奖赏是对出色工作的回报，他已经得到了回报，其他方面仍然和大家一样。工作中强调的就是公平，假若给予某人以特权，甚至对他做错事进行包庇，如何让别人模仿他，向他学习？

因此，在管理中，管理者一定要给员工一种公平合理的印象，这样才能激发下属努力工作，同时也使做出成绩的人戒骄戒躁，不断上进。同样地，对于犯了错误的员工也应该撇开私心，进行惩罚。

坤福之道

> 作为管理者，应该懂得：公平之心不可或缺，这不仅是处事的必需，做人的基本道德，更是一个管理者处理好上下级关系、做好工作的前提条件。只有处事公正，一视同仁，才能顺应员工意愿，得到大家的认同，与大家同舟共济。

把握好尺度问题，恩、威配合运用

在战斗过程中，将领为了更好地激励士兵作战，在制订严明军纪的同时，他们还会采取适当的赏罚措施，从而更有效地调动士兵作战的积极性。但是，如果对部下采取了频繁的赏罚，不仅起不到提高士气的作用，而且还预示着其军队内部存在着一定的隐患。

将领奖励士兵本无可厚非，但是过分频繁的奖励，就有讨好的意思。如果一个军事统帅不能依靠自身的威严统领部下，而是过多地通过奖赏的手段实行安抚，这个时候将领的威严已经不复存在，军队已经走入穷途末路的困境。如果将领频繁地惩罚士兵，希望凭借惩罚来达到杀一儆百的效果，这时也可以看出军队的战斗力在减损。

因此，在行军作战时，当我军将领看到敌军内部出现其统帅过分赏罚士兵的情况时，就能及时做出反应，判断敌情，可以在敌人战斗力最弱时给予痛打击，从而一举歼敌。

在企业管理中，企业的管理者要想更好地领导下属，就需要有一定的技巧：不应该为安抚员工而过多地给予奖励，因为过多的奖励只能使员工懈怠；同时，也不能为树立威严而频繁惩罚，所谓"物极必反"，如果惩罚过多，就会使上下级离心离德，使自己的权力大大折损。因此，作为一名优秀的企业管理者，要赢得下属的心悦诚服，一定要宽严并施。

所谓宽，不外乎亲切的话语及优厚的待遇，经常关心下属们的生活，聆听他们的忧虑，起居饮食都要考虑周全。所谓严，就是必须有命令与批评，一定要令行禁止，不能始终客客气气，为维护自己平和谦虚的印象，而不好意思直斥其非。恩是温和、奖励，威是严格、责备，身为一个管理者，恩、威要能配合运用。

"宽严得宜，恩威并用"的意义，并不是恩、威各占一半，而是说依事情的情况而定，恩威配合、以身作则地教导下属，如此，下属一定会乐意完成交给他的任务。

★★★★★

一个工人由于工作不负责，在生产的关键时刻马马虎虎，造成了重大责任事故，被捕入狱。狱中他后悔莫及，但没有消沉，而是认真地反省自己的过错。出狱前夕，他给厂里写了封信，信中说："我清楚自己的罪过，很对不起大家。我即将出狱重新开始生活，将在后天乘火车路过咱们的工厂。作为原来的一名职工，我恳切请求你们在我路过工厂附近的车站时，扬起一面旗子，我将见旗下车，否则我将去火车载我去的任何地方……"那天，火车临近车站了，他微微闭上双目，默默地为命运祈祷。当他睁开双眼，看到了许多面旗子，他的那些工友们高举着旗子呼喊着他的名字。他热泪满面，没等车停稳就扑入接他的人群中去了，后来成了一名非常优秀的工人。

厂长是一位有着宽容谅解之心的人，他成功地运用宽容之术使这个年轻的工人获得了新生。

★★★★★

宽容是一种很强大的力量，它能使人们被你吸引，使别人爱戴你、信服你，并愿意帮助你，尤其是作为管理者，如果要想取得成功，就要在任何时候都以宽容之心待人。

　　日本企业内部管理制度非常严格，但与此同时，日本企业家深谙刚柔相济的道理。他们一方面严格执行管理制度，另一方面又最大限度地尊重、善待员工，并且关心体贴员工的生活。如记住每一个员工的生日，关心他们的婚丧嫁娶，促进他们的成长和人格完善等。这种关心和善待不仅针对员工本人，还经常惠及员工的家属，使家属也感受到企业这个大家庭的温暖，从而使员工彻底无后顾之忧，能够全心全意地为企业工作。

★★★★★

　　日本三多利公司董事长岛井信治郎对属下要求十分严格，部下们都十分敬畏他，但私下的他却是一位对部下呵护备至的"父亲"。一天，岛井无意中听到店员抱怨说："我们的房间里有臭虫，害得我们睡不好！"于是夜半时分，店里员工都睡着后，他悄悄地拿着蜡烛，从房间柱子的裂缝里以及柜子间的空隙中抓臭虫。公司一名员工的父亲去世，他带着公司同人前去致意，并亲自在签到处向前来拜祭的人一一磕头。事后这名员工回忆说："当时我感动不已，从那时起就下定决心，为了老板即使牺牲性命也在所不惜。"

★★★★

　　像这样的例子不胜枚举。在国外，管理学家通常把以情感交流为主要内容的管理模式称为"软管理"，并且掀起了一股"软管理"的热潮，这也从一个侧面反映了这种管理方式不容忽视的地位。相对于过去那种劳资对立、尊卑分明、崇尚权威以及动辄惩罚员工的"管、卡、压"的管理方式,"软管理"无疑具有不可比拟的优势。

但是需要注意的是,柔性管理并不排斥刚性成分。刚性管理是柔性管理工作的前提,柔性管理应建立在严格的制度化管理基础之上。严格完整的管理制度为整个管理工作构建了一个基本框架,使企业和员工的一切行为都在这一框架下有序地运行。只有这样,柔性管理才能发挥其应有的作用。

管理者在用人时,一定要注意宽严适度:因为太宽松了,下属心不在焉,不以为意;太严厉了,下属心惊胆战。因此,只有宽严适度才能显示威严!

第十篇
地形篇

　　地理条件是用兵作战的重要因素，充分利用地形是战而胜之的又一法宝。用兵作战，要了解地形，判断敌情，谋求战机，掌握地形的险要程度及远近是将帅的职责。了解敌人的虚实和自己的强弱，这样就会减少危险；了解天时，取得地利，战胜之功方可万全。同样地，掌控市场的形势，为商业发展制订精细方案，是取得经商成功的首要工作。

原文

孙子曰：地形有通者、有挂者、有支者、有隘者、有险者、有远者。我可以往，彼可以来，曰通。通形者，先居高阳，利粮道，以战则利。可以往，难以返，曰挂。挂形者，敌无备，出而胜之，敌若有备，出而不胜，难以返，不利。我出而不利，彼出而不利，曰支。支形者，敌虽利我，我无出也，引而去之，令敌半出而击之利。隘形者，我先居之，必盈之以待敌。若敌先居之，盈而勿从，不盈而从之。险形者，我先居之，必居高阳以待敌；若敌先居之，引而去之，勿从也。远形者，势均难以挑战，战而不利。凡此六者，地之道也，将之至任，不可不察也。

故兵有走者、有弛者、有陷者、有崩者、有乱者、有北者。凡此六者，非天之灾，将之过也。夫势均，以一击十，曰走；卒强吏弱，曰弛；吏强卒弱，曰陷；大吏怒而不服，遇敌怼而自战，将不知其能，曰崩；将弱不严，教道不明，吏卒无常，陈兵纵横，曰乱；将不能料敌，以少合众，以弱击强，兵无选锋，曰北。凡此六者，败之道也，将之至任，不可不察也。

夫地形者，兵之助也。料敌制胜，计险厄远近，上将之道也。知此而用战者必胜，不知此而用战者必败。故战道必胜，主曰无战，必战可也；战道不胜，主曰必战，无战可也。故进不求名，退不避罪，唯人是保，而利合于主，国之宝也。

视卒如婴儿，故可与之赴深溪；视卒如爱子，故可与之俱死。厚而不能使，爱而不能令，乱而不能治，譬若骄子，不可用也。

知吾卒之可以击，而不知敌之不可击，胜之半也；知敌之可击，而不知吾卒之不可以击，胜之半也；知敌之可击，知吾卒之可以击，而不知地形之不可以战，胜之半也。故知兵者，动而不迷，举而不穷。故曰：知彼知己，胜乃不殆；知天知地，胜乃可全。

译文

孙子说：地形有通、挂、支、隘、险、远六种。我军可以前往，敌军可以过来，这样的地形叫作"通"。在"通形"地带，应先占据地势高、向阳的地方，有利于保持粮道的畅通，这样对敌作战才有利。可以前往，难以返回，这样的地形叫作"挂"。在"挂形"地带，敌人如果没有防备，可以出击战胜它；敌人如果有防备，出击就不会获胜，难以返回，是不利的。我军出击而不能获利，敌军出击也不能获利，这样的地形叫作"支"。在"支形"地带，敌人即使用小利诱惑我，我军也不要出击；应引兵假装撤退，让敌人出击一半后再出击，这才有利。在"隘形"地带，我军应先占据，用重兵守住隘口以等待敌人；如果敌人先占据，隘口被敌人重兵守住，就不要与敌作战，敌人如果没有完全守住隘口，就可与之接战。在"险形"地带，我军先占据，必须驻扎在地势高、向阳的地方以等待敌人；如果敌人先占据，应该撤军离开，不要与敌接战。在"远形"地带，敌我双方势均力敌，难以向敌挑战，与敌作战则不利。以上六点，是利用地形的关键，这是将军的重大责任，不可不认真研究。

军队一般有"走""弛""陷""崩""乱""北"六种失败的情况。造成这六种情况的原因，不是天灾，而是将领

的过错。在敌我双方形势均等的情况下，被敌方以一击十而造成军队败逃的，叫作"走"；士卒强悍而将吏懦弱，因此导致军队失败的，叫作"弛"；将吏强横而士卒懦弱，因此导致军队失败的，叫作"陷"；偏将对主帅心怀愤怒，不服从指挥，遇到仇敌就擅自作战，将领不了解他们的能力，以致最终造成军队的失败，叫作"崩"；将帅懦弱，对部下管束不严，教导不善，官兵关系陷入无序状态，出兵列阵杂乱无章，因此导致军队失败的，叫作"乱"；将领不会分析判断敌情，以少击众，以弱击强，没有选择精锐组成先锋部队，因此导致军队失败的，叫作"北"。以上六种情况，是军队失败的原因所在，这是将军的重大责任，不可不认真研究。

地形是用兵的辅助因素。判断敌情，夺取胜利，考察地形险厄远近，这是贤能之将的用兵原则。了解这些原则而去指挥作战，必能取胜，不了解这些原则而去指挥作战，必定失败。所以依据战场情况和战争规律有必胜的前景，但国君却说不要出战，这种情况下坚持出战是可以的；依据战场情况和战争规律并无取胜的把握，但国君却说必须出战，这种情况下不出战也是可以的。所以进不求功名，退不避罪责，只求保护民众，而且有利于君主，这种将领是国家的珍宝。

对待士卒像对待婴儿一样，因此可以与之共赴幽深的河涧山谷；对待士卒像对待爱子一样，因此可以与之一起赴死。厚待士卒却不能使用，溺爱士卒却不能使其服从命令，局面混乱却不能惩治，士兵就好比娇惯的孩子，是不能用来作战的。

了解我方的士卒可以出击，却不了解敌方的士卒不可攻击，获胜的概率只有一半；了解敌方可以攻击，却不了解我方士卒不可以出击，获胜的概率也只有一半；了解敌方可以攻击，也了解我方士卒可以出击，却不了解地形条件不可以作战，获胜的概率也是一半。所以懂得用兵的人，军事行动上既不迷惑，也不困窘。所以说：既了解对方也了解自己，就能获胜而不会失败；既了解天时也了解地利，胜利就是我们的。

读解心得

现代社会也许不需要我们去勘察"地形"才能作出判断，网上搜索一下，便能无所不知。

不要以为现在我们终日坐在有空调的大厦里，整天面对电脑，什么事情都可以（通过电话和传真）解决，就可以不用看这篇地形了。殊不知，这篇关于地形的论述远远超过了就地论地的范畴，深入任何谋划、经营者都必须慎重面对的"考察周围环境"的问题。

第一大段的"地之道"详细描述了在各种地形中我方应采取的行动。第二大段的"败之道"深刻描述了在任何地形中将领都可能犯的6种致命之错。接下来的三小段分别讲述了"将与地""将与主""将与卒"的关系。

其中应说明一下的是："战道必胜，主曰无战，必战可也。"军事是实现政治目的的手段，应服从政治指挥。也就是"党指挥枪"，而不是枪指挥党。这是受启发于孙中山先生的教训，他在曾遭受过革命初期，总是依赖于各种军阀，而又受制于军阀，结果革命不成功，最后他总结出"只有自己的政党拥有自己的军队才行"。

所以，当双方在进行政治会谈时，军事行动一定要服从政治指挥，而不能擅自行动、破坏政治目的。孙子说这句话，想必是强调"斩草除根"，我们当然不能以今日的观点来生搬硬套他的话。

最后一段是总结，再次强调"知天知地、知己知彼"的重要性。孙子的唯物观点相当明显。

"动而不迷，举而不穷"这八个字，值得我们牢记。在错综复杂的环境中，你能始终保持清醒的头脑和目标吗？在各有胜负，甚至己方处于不利的境地时，你能镇定而机智地拿出各种有效的战术、方法吗？孙子当然不能告诉两千多年后的我们如何去做。

手把手是教不出好船长的，你得自己去经历风浪，自己去领悟。

商例活用

把不利因素变有利优势，在失败中寻找成功

孙子说："我出而不利，彼出而不利，曰支；支形者，敌虽利我，我无出也，引而去之，令敌半出而击之利。隘形者，我先居之，必盈之以待敌。若敌先居之，盈而勿从，不盈而从之。险形者，我先居之，必居高阳以待敌；若敌先居之，引而去之，勿从也。远形者，势均，难以挑战，战而不利。"

在这里，孙子分析了支形、隘形、险形、远形等地势的共同特点：敌我双方都无法在地形上取得绝对优势。此时将

领就要异常谨慎,看清局势,不要轻易出击。在这种势均力敌的情况下,我方想要取得胜利,就要善于利用敌方的弱点,诱敌深入,使敌处于不利的情况下后,再伺机进攻。总之,面对类似地形,对敌策略可以总结为"慎战"和"诱敌",既要谨慎行事,又要出奇制胜。

在商业中,同一行业的企业都想占有最大的"市场份额",而阻止对方进入自己的领域。"市场份额"是企业的产品在市场上所占份额,表现着企业对市场的控制能力。对企业来说,就是要在市场上占有更多的"市场份额"。企业可以通过"兼并"或"分化"竞争对手来获得市场更大占有率。

在遇到实力强大的竞争对手时,我们要避免用我们的"弱势"与对手的"优势"进行对抗,很多时候我们的"优势"和"弱势"可能是产品的种类、质量、价格等,或是我们企业的规模、文化、人才等。我们要用我们的"优势"去和力量更强大对手的"弱势"去竞争,这样我们才能在竞争中获胜。

另外,先行动的竞争者的优势不容忽视,也就是我们在经济管理上常说的"竞争优势"。竞争优势的保持是指组织凭借其独特的竞争力,通过模仿或取代竞争对手获得经济价值的能力。根据迈克·波特的竞争优势模型,竞争性战略采取"进攻性"或"防守型"行动(正如孙子所讲的,我军先敌占领,等待敌人来犯;敌人先我占领,率军撤离),从而成功应对各种竞争力量,只有这样,企业才可保持持续的"竞争优势"。

★★★★★

有一个偏僻的小山村，交通极其不便，村里几十户人家一直以来都只靠着一点贫瘠的土地艰苦度日，生活极为潦倒。后来有一天，村中一位长者把全村人召集在一起，他说："我们村长久以来一直无法摆脱贫困，我们每天都过着原始人一样的生活，真是让人既羞愧又痛心。但我们为何不利用自己的'落后'做做文章呢？现在城市里的那帮人过惯现代化的生活，如果让他们也体会体会原始人的生活，他们一定觉得很新奇。我们干脆就做回原始人，这样肯定能招来大批城里人，我们就可借机大赚一笔了。"全村的人听了这个主意都纷纷叫好。接着，他们真的开始过起了原始人的生活，把房子建在树上，把树叶做成衣服穿在身上……没过多久，就有媒体开始报道这件事——竟然有一个村子的人现在还过着原始人的生活。于是，大批大批的游客慕名而来。这个小村子里的人做起了生意，最后真的富裕起来了。

★★★★★

这就是一个"因地制宜"的绝佳例子。智者可以从废墟中淘到金子，乐观者可以从绝望中找到希望。其实任何事情都有两面性，很多人只能看到不利的一面，其实背面就是有利的一面。在管理中也是如此，怎么把不利因素变成有利优势，值得每个管理者去思考。

> 我们一方面要懂得失败是成功之母的道理；另一方面，也必须学习如何应对失败，从失败中汲取经验，从失败中看到成长的机会，而不是迷失在失败带来的受挫感中。

善借前车之鉴，避免不必要的损失

孙子说："故兵有走者、有弛者、有陷者、有崩者、有乱者、有北者。凡此六者，非天之灾，将之过也。夫势均，以一击十，曰走；卒强吏弱，曰弛；吏强卒弱，曰陷；大吏怒而不服，遇敌怼而自战，将不知其能，曰崩；将弱不严，教道不明，吏卒无常，陈兵纵横，曰乱；将不能料敌，以少合众，以弱击强，兵无选锋，曰北。凡此六者，败之道也，将之至任，不可不察也。"

在这里，孙子全面分析将帅统兵导致军队失利的六种情况：以弱战强、兵强将弱、将强兵弱、军令不行、秩序混乱、判断失误、以少击多。虽然胜败乃兵家常事，但这六种失败均是人为造成的，主要责任在于将领。在战场上，明智的将帅要善于借前车之鉴，并认真分析敌情，才不会导致不必要的损失。

在双方条件相同的情况下，竞争时以少对多而导致失败的，叫作"走"，就是撤退的意思。在这种情况下领导者可以通过加强培训下属，通过严格的纪律来取得最终的胜利。如果下属的能力很强，而领导者缺乏威信，没有能力而造成的失败，我们称为"弛"。在组织中领导者能力的大小至关重要，即使下属的能力和素质非常强，如果没有强有力的领导，企业的战略偏离企业的目标，最终必将会失败。相反地，如果领导者能力强大，而下属团队能力参差不齐，也同样不能在竞争中获胜。孙子的这段话向我们揭示了在相同环境，相同形势下，"人"的重要性，不管是领导者，还是普通的员工，对于组织的发展都起着关键的作用，正如人们常说的："企"业无"人"则"止"。

在企业管理中，领导不了解下属的能力，是因为领导没有花足够的时间去观察和评估自己的下属，同时也缺乏人才梯队的建设。如果对于目前组织中人员的能力和水平有所怀疑，那么现存的组织架构就有问题了，就要去雇用和提拔那些有能力和领导力的人员，以防将来那些无能的和情绪化的领导来作公司的决策。德鲁克基金会关于"领导者"的定义是：领导能力是把握组织的使命并动员人们围绕这个使命奋斗的一种能力；领导能力的基本原则是：领导力是怎样做人的艺术，而不是怎样做事的艺术，最后决定领导者的能力是个人的品质和个性。领导者是通过其所领导的员工的努力而成功的。

很多领导者怀疑他们的言行是否会影响他们所在的组织，答案是：会。下属会不断地去效仿和学习领导者的言行，领导者的一举一动都会影响到组织和组织中成员的发展，当然对于好的言行，领导者起到了"以身作则"的示范作用，不过坏的言行却会对组织和组织中的成员产生反面的影响。美国前国务卿科林·鲍威尔在谈到"领导"时说：一个领导的乐观和热情的连锁反应是令人敬畏的，而玩世不恭和悲观主义的连锁反应会影响我们，那些经常抱怨和责备他人的领导会引发同事间相同反应。所以领导者在组织和团队中要起到正面的带头作用，要正直可靠，纪律严明。著名的变革大师约翰·科特曾经说过："领导者必须正直、诚实、顾及他人的感受，并且不把个人或小团体的利益和需要摆在一切衡量标准的首位，否则人们就不会追随他。"在组织中我们是否能够顺利实现我们的目标，领导者起着"关键"作用。

领导者不能正确地审时度势，不能了解竞争对手的情况，也就是说没有有效地收集信息，同时又不能以素质能力和专业技能强的下属团队去与对手竞争，因为此种原因而导致的失败，孙子称为"北"。

★★★★★

曾经价值高达 149.07 亿元的三鹿品牌资产在很短的时间内蒸发。反思三鹿毒奶粉事件，我们不难发现，对于三鹿的失败，三聚氰胺只是个导火索，运营风险管理失控才是真正的罪魁祸首。

首先，三鹿公司醉心于规模扩张，高层管理人员风险意识淡薄。河北省一位退休高层领导如此评价三鹿集团董事长："随着企业的快速扩张，她头脑开始发热，出事就出在管理上。"

其次，企业快速增长，管理存在巨大风险。三鹿集团对贴牌生产的合作企业监控不严，产品质量风险巨大。贴牌生产，能迅速带来规模的扩张，也给三鹿产品质量控制带来了风险。

再次，危机处理不当导致风险失控。三鹿并没有对奶粉问题进行公开，而其原奶事业部、销售部、传媒部各自分工，试图通过奶源检查、产品调换、加大品牌广告投放和宣传软文，将"三鹿""肾结石"的关联抹杀于无形。而对于经销商，三鹿集团也同样采取了糊弄的手法，对经销商隐瞒事实从而造成不可挽回的局面。

最后，三鹿集团缺乏足够的应对危机的能力。在危机发生后，面对外界的质疑和媒体的一再质问，仍不将真实情况公布，引发了媒体的继续深挖曝光和造成曝光后消费者无法再恢复对其的信任。

在商业竞争中，"领导者决策"对于组织的成败起着非常重要的作用。领导决策是指领导者在领导活动中，为了解决重大的现实问题，通过采用科学的决策方法和技术，从若干个有价值的方案中选择其中一个最佳方案，并在实施中加以完善和修正，以实现领导目标的活动过程。决策是领导的灵魂，优秀领导人懂得该如何做决策，并结合直觉与专业知识作出完善的决策。

坤福之道

在当前的商业环境中，常常会有大量信息排山倒海般涌向决策者，如果决策者可以抢在竞争对手之前作出完善决策，就可以取得竞争优势。

敢于和善于使用强者，铸就事业的辉煌

士卒强悍而军官懦弱，结果造成战争失败，这在孙子看

来叫作"驰"。无能的将军只会出失败的主意，谁还会听他的指挥呢？军队失去了统一的指挥和号令，必然处于松散的状态，在战争中失败是必然的。

　　管理者的职责是招聘到比自己更强的人，并鼓励他们发挥出最大的能力，为自己服务。这本身就已经证明了管理者的本事，运用识人智慧就可以让自己的事业"大风起兮云飞扬"。企业的失败是从任用庸才开始的，同样地，企业的辉煌是因任用了更优秀的人才而取得的。

★★★★★

　　郭广昌是上海复星高科技集团的董事长，他成功的秘诀就在于使用比自己更强的人。郭广昌自称毕业于"什么都没学"的哲学专业，他说自己什么都不会、什么都不专。但正是"身无长技"反倒成了他最大的特长，这逼得他用比自己更强的人，有问题出现他就要去请教专家。

　　郭广昌认为："管理者一定要学会使用比自己强的人，要学会用你的老师——每个比我强的人都是我的老师；要学会用在某个领域比自己强的人——这些人就是专家。管理者经营的过程，其实就是一个不断找老师的过程；而复星能够快速发展到今天，也就是老师找得多、找得准。"郭广昌明白，有没有找到最优秀的人的眼光，直接关系到企业的成败。最大的投资失误，不是某个项目的失败，而是没有找对合适的人选。

★★★★★

　　管理者必须具有敢于和善于使用强者的胆量和能力。在

企业内部激励、重用比自己更优秀的人才，为企业带来活力，让企业变得越来越有竞争力。有些管理者之所以不愿意用比自己强的人，不是因为他们不能发现优秀的人才，而是因为嫉贤妒能的心理难以克服。这样的管理者总以为自己是管理者，因此在各方面都应该比别人高上一筹，一旦遇上比自己强的人才就萌生妒意，采取种种办法打压他们。

对于管理者来说，嫉贤妒能无异于自掘坟墓，古人说：师不必贤于弟子，弟子不必不如师。闻道有先后，术业有专攻。这同样适用于管理者和员工，对那些强于自己的员工，管理者更要予以重用，让他们能安心为企业奋斗，用他们的才华铸就企业事业的辉煌。李嘉诚就是这样做的。

★★★★★

在长实管理层的后起之秀中，最引人注目的要数霍建宁。他的引人注目，并非因为他经常抛头露面。实际上，他从事的是幕后工作。此人擅长理财，负责长江全系的财务策划，他处世较为低调，认为自己不是个冲锋陷阵的干将，而是个专业管理人士。

霍建宁毕业于香港大学，随后赴美深造。1979年学成回港，被李嘉诚招至旗下，出任长实会计主任。

李嘉诚很赏识他的才学，1985年委任他为长实董事，两年后又提升他为董事副总经理。此时，霍建宁才35岁，如此年轻就担任香港最大集团的要职，实属罕见。

霍建宁不仅是长实系四家公司的董事，另外，他还是与长实有密切关系的公司如熊谷组（长实地产的重要建筑承包商)、广生行(李嘉诚亲自扶植的商行)、爱美高(长实持有其股份)的董事。

传媒称霍建宁是一个"浑身充满赚钱细胞的人"。长实全系的重大投资安排、股票发行、银行贷款、债券兑换等,都是由霍建宁亲自策划或参与决策的。

这些项目动辄涉及数十亿资金,亏与盈都取决于最终决策。从李嘉诚对他如此器重和信任来看,可知盈大亏少。

霍建宁不仅是长实的智囊,而且还为李嘉诚充当"太傅"的角色,肩负着培育李氏二子李泽楷、李泽钜的职责。

从这里来看,李嘉诚十分重视对专业管理人才的任用,将之视为事业拓展的基石。不但能够不拘一格委以大任,而且给予其相应的收益,以增强其归属感。

在长实公司高级管理层的少壮派中,还有一位名叫周年茂的青年才俊。周年茂是长实的元老周千和的儿子,周年茂还在学生时代时,李嘉诚就把他当作长实未来的专业人才培养,并把他和其父周千和一道送赴英国专修法律。

当周年茂学成回港后,很自然地就进入了长实集团,李嘉诚指定他为长实公司的代言人。

1983年,回港两年的周年茂被选为长实董事,1985年后与其父亲周千和一道升为董事副总经理。

当时，周年茂才30岁。

有人说周年茂一帆风顺，飞黄腾达，是得其父的荫庇——李嘉诚是个很念旧的领导者，为感谢"老臣子"的尽忠职守，故而"爱屋及乌"。

这话虽有一定的道理，但并不尽然。李嘉诚的确念旧，却不能说周年茂的"高升"是因为李嘉诚对他的关照。其实，最主要的一点，仍然是他自身具备了相应实力，有足够的能力担此重任。

周年茂走马上任后，负责具体策划，落实了茶果岭丽港城、蓝田汇景花园、鸭洲海怡半岛、天水围的嘉湖花园等大型住宅屋村的发展规划，顺利实施了李嘉诚的迂回包抄计划，以自己的能力赢得了李嘉诚的信任。于是，李嘉诚将更大的重任托付于他。他不负众望，努力扎实地工作，得到了公司上下的一致好评。

★★★★★

李嘉诚之所以起用青年才俊，其根源就在于他明白一个出色的人所发挥的作用要远远超过一大帮庸才。使用极为出色的人，是达到预定管理目标的捷径。

管理的根本目的就在于实现预定的管理目标，把事情办好。为此，当然要讲究用人方法，不应该把个人好恶带到工作中，否则只会导致人浮于事，影响管理目标的实现。

 努力培养自己的专长，成为优秀的管理者

在孙子眼里，正确判断敌情，考察地形险易，计算道路远近，这是高明的将领必须掌握的方法。也就是说，管理人员必须是相应领域的专家。

研究发现，有一种能吸引别人自动追随你的重要力量源泉，让你成为人们的无冕领袖，那就是专长。不管是行销、企管、股票交易、档案管理、投资、买卖车辆、贷款、玩保龄球或棒球，甚至是如何吃、如何穿或是如何慢跑等，都可以形成你的专长。

任何专长都会促使某些人找你当他们的领导。不过最重要的一个因素是：你的专长正合乎周围人的需要。比如说你保龄球打得很好，正好你的公司有很多喜欢打保龄球的人，他们就会找你当领导；假若这家公司打保龄球的人很少，你想当无冕领袖就不能靠打保龄球这项专长，因为对保龄球有兴趣的人很少。也就是说，要利用专长来增加你做领导的机会和威信，就必须确定你的专长是团体所需要的；换句话说，要使你的专长符合周围人的需要。这样，你将增加领导别人的机会，而在领导的过程中，你同时也得到了别人的尊敬。

随着市场经济的不断发展和完善，人才市场的竞争也在不断地加剧，光有敬业精神已经不够了，还须做到"精业"。一个人精通一件事，哪怕是一项微不足道的技艺，只要他做得比所有人都好，他也能获得丰厚的奖赏。

★★★★★

第二次世界大战以前,巴顿之所以能升为将军,有一个主要因素是因为他熟悉坦克。在第一次世界大战中,巴顿29岁就已升至上校。他领导了第一支在战场上作战的坦克部队。后来由于预算裁减,陆军必须裁掉若干坦克,巴顿回到了骑兵部队,军衔又恢复到中尉。到了1940年,他又一路奋斗升回到上校。当时陆军急需坦克人才,巴顿是少数具有这项专长的高级军官,因此陆军很快又将他升为将军。

有些企业界的领导,因为同样的原因迅速升到顶峰位置,这包括创立苹果电脑公司的史蒂芬·乔布斯、克莱斯勒汽车公司的李·艾科卡、美国韦里孙通讯公司董事长威廉·麦高文、联邦快递创办人弗雷德·史密等。他们都有一个共同的特点——具有某种重要的专长。

★★★★★

假若你认为雷依·克洛克成为亿万富翁,只是因为他进入汉堡这一行,那你就大错特错了!在他创立麦当劳以前,已有太多制作汉堡的公司。而当麦当劳每年都在成长时,其他公司却在亏本。克洛克虽然没有发明汉堡,却为汉堡业开创了新局面,因为他早就培养好了这方面的特殊专长。他不但懂得如何做出好吃的汉堡,而且还知道如何让别人认定他的产品物美价廉。他联合运用统一配销、品质管制以及极其具体化的食品制作技巧,使一个高中学生也可以制作出好品质的汉堡来。在世界各地，麦当劳汉堡的质量都是一样的好。

★★★★★

管理者如果不是行家，如果不了解下属的工作，他就无法有效地管理他们。首先，对不懂行的管理者，做具体工作的下属不会表现出太多的尊重。无论对错，人们都不可能重视外行的观点。其次，如果管理者不会做具体工作，就不能制定出最富有成效的决策。决策自然应该来自最精通的人，和对问题抓得最准确的那个人。外行人制定的决策往往是事倍功半，最终会受到抵制。再次，如果管理者不懂行，就不会了解下属的工作状况。他们会一直被蒙在云山雾海中，直到产品真正交付使用的那一天。在很多企业中，由于管理者不懂技术，或者不是技术专家，管理意见缺乏权威而不被认可，技术人才与管理人员之间的关系紧张，结果造成优秀的技术人才流失。

为了避免外行领导内行现象的发生，有以下两条可以实现的途径。

一是管理者自我转型。管理者要向专家型转变，应随着信息时代的变化，由经理型管理者渐渐转变成专家型管理者。在企业内部，一个得力的专家型管理者的存在，足以使企业在信息革命中反败为胜。

二是起用专业人才担任管理任务。许多公司的中高层管理人员是由技术骨干提拔的，他们在公司工作时间较长、通晓业务，是公司内比较合适的管理人员人选。但这些技术骨干没有管理经验，有的还不具备管理素质，上任时往往显得力不从心。这就需要在提拔技术骨干时进行管理培训，协助他们尽快成长为合格的管理人员。

坤福之道

> 专长不会自动形成，你必须努力培养。努力去培养专长，你就会拥有专长，从而也就有机会成为优秀的管理者。

把员工当亲人，他们才会更加为企业效力

"视卒如爱子，故可与之俱死。"这是处理将与兵关系的原则。将领只有如爱子般关爱士卒，才能使士卒与自己同生共死。孙子的这句论述，充分地体现了中国传统文化中"君人者制仁"的思想精髓。《六韬》中说："敬其众，合其亲。敬其众则和，合其亲则喜，是谓仁义之纪。"一个人，要想成就一番事业，不仅要有过人的胆识，宽广仁慈的胸怀也是不可少的，一个没有仁爱之心的人只能成为一个"孤家寡人"，根本不可能做成什么大事业。

在企业管理中，领导关心、爱护员工，员工也会热爱领导，把企业当成自己的家，在企业中奋力工作以回报领导的关爱。员工具有如此的积极性，必然会出主意、想办法，生产出高质量的产品，企业也会因此而兴旺发达起来。当然，对于职工，除了爱护之外，还要严格管理。孙子指出："厚而不能使，爱而不能令，乱而不能治，譬若骄子，不可用也。"爱和严应该双管齐下，两者是相辅相成的。

国外有远见的管理者从劳资矛盾中悟出了"爱员工，企业才会被员工所爱"的道理，因而采取软管理办法，对员工进行感情投资。法国企业界有句名言："爱你的员工吧，他

会百倍地爱你的企业。"美国惠普公司创立人惠利特说："惠普公司的传统是设身处地为员工着想，尊重员工。"该公司以定期举行"啤酒联欢会"的方式来维系员工的感情，增强"家庭感"。联欢会时，全体员工可以畅怀痛饮，一醉方休。豪饮中穿插各种节目，公司管理者频频举杯，大张旗鼓地表彰每一位值得表彰的员工。员工们无所不谈，尽兴尽情，激发起更加努力工作的热情。

可见孙子所说"视卒如爱子，故可与之俱死"，的确是有道理的。

★★★★★

类似情况在中国企业也屡见不鲜。常州巾被厂是个历史悠久的老厂，1990年年底企业实际亏损近1,000万元，工厂机停人歇，半数职工在家待岗。危难之际，新厂长组建新的领导班子。在恢复生产、安排上岗时，厂领导重点考虑的是45岁左右的职工，因为这些职工上有老、下有小，正是负担最重的时候。工厂特地对这一部分年龄的职工进行转岗培训，尽量让他们到工资奖金都较高的生产一线从事适合他们的工作。对此，老工人们心里都感到暖融融的。厂领导还牵挂着职工的住房问题，待效益稍有好转，便省下资金为职工购买住房。几年来，相继安排和调整了80多户困难户的住房，而厂领导却不参加住房分配。爱心赢来职工的奋力回报，"我靠企业生存，企业靠我振兴"已成为常州巾被厂职工的共同心声。为尽快盘活资金，该厂职工实行全员销售，人人加入销售行列；他们又开

发高精尖产品，销路日益看好。

★★★★★

员工与企业的关系不仅仅是物质上的雇佣与被雇佣关系，还应是和谐、共同发展的友谊关系。维系这种友谊的纽带就是企业要为员工所营造的"家"的感觉。

企业管理者应把员工当作自己的亲人一样看待，在一种融洽的合作气氛中，让员工自主发挥才干，为企业贡献自己最大的力量。美国西南航空公司的创始人赫布·凯莱赫的管理信条是："更好的服务+较低的价格+雇员良好的精神状态=不可战胜。"

★★★★★

美国西南航空公司的发展并不是一帆风顺的，它成立不久，就遇到财政困难。凯莱赫面临两个选择：要么卖掉飞机，要么裁减雇员。在这种状况下整个公司人心惶惶。公司只有四架飞机，这可是公司的全部经济来源所在啊！但是赫布·凯莱赫的做法却是出人意料的，也让所有员工大为感动：他决定卖掉这四架飞机中的一架。

"虽然解雇员工短时间内我们会获得更多的利润，但我不会选择这样做。"他说，"让员工感到前途安全是激励他们努力工作的最重要的方法之一。任何时候，我都会将员工放在第一位，这是我管理法典中一个最重要的原则。"

善待员工自然能激发员工对工作的热爱。公司要求雇员在15分钟内准备好一架飞机，员工都很乐意遵守，没有一个人有怨言。在西南航空公司，雇员的流动率仅为7%，是同行业中最低的。凯莱赫对此感到非常自豪。

"我希望自己的员工将来与他们的子孙辈交谈时，会说在西南航空工作是他们一生中最美好的时光，他们的人生在这里获得了飞跃。这也是对我们工作的最大褒奖。"凯莱赫如是说。

在短短50多年内，西南航空公司从成立之初的4架飞机、70多名员工，已发展到成为美国第二大航空公司，这与其独特的企业文化分不开。

从长远来看，无论企业管理者具有多大的能力，取得多大的成功，企业的将来归根结底还是掌握在全体员工手中，是他们主宰着企业的命运。

坤福之道

中华民族有着报恩的传统美德，"受人之恩，终身必报""滴水之恩，涌泉相报"。管理者关心爱护员工，员工肯定会给予足够的感激和报答。管理者越是关心、爱护员工，员工们就越会拼命地为企业效力。

第十一篇
九地篇

　　《九地篇》可谓兵法之精华。孙武将战地分为九类，各有优劣，不同的战地和战况，士卒在作战时会出现不同的反应。为将者必须认识进而利用这些心理，鼓舞士气，使士兵勇往直前，不畏不惧。孙子在《九地篇》中的用兵上进行了特别的心理分析，"置之死地而后生""上屋抽梯"等战略也为现在的商业经营提供了一个良好的借鉴方式。

原文

孙子曰：用兵之法：有散地，有轻地，有争地，有交地，有衢地，有重地，有泛地，有围地，有死地。诸侯自战其地，为散地；入人之地不深者，为轻地；我得亦利，彼得亦利者，为争地；我可以往，彼可以来者，为交地；诸侯之地三属，先至而得天下之众者，为衢地；入人之地深，背城邑多者，为重地；山林、险阻、沮泽，凡难行之道者，为泛地；所由入者隘，所从归者迂，彼寡可以击吾之众者，为围地；疾战则存，不疾战则亡者，为死地。是故散地则无战，轻地则无止，争地则无攻，交地则无绝，衢地则合交，重地则掠，泛地则行，围地则谋，死地则战。

古之善用兵者，能使敌人前后不相及，众寡不相恃，贵贱不相救，上下不相收，卒离而不集，兵合而不齐。合于利而动，不合于利而止。敢问敌众整而将来，待之若何曰：先夺其所爱则听矣。兵之情主速，乘人之不及，由不虞之道，攻其所不戒也。

凡为客之道：深入则专。主人不克；掠于饶野，三军足食。谨养而勿劳，并气积力，运兵计谋，为不可测。

投之无所往，死且不北。死，焉不得士人尽力。兵士甚陷则不惧，无所往则固，深入则拘，不得已则斗。是故其兵不修而戒，不求而得，不约而亲，不令而信。禁祥去疑，至死无所之。

吾士无余财，非恶货也；无余命，非恶寿也。令发之日，士卒坐者涕沾襟，偃卧者涕交颐。投之无所往，诸、刿之勇也。

故善用兵者，譬如率然。率然者，常山之蛇也。击其首则尾至，击其尾则首至，击其中则首尾俱至。敢问："兵可使如'率然'，乎？"曰："可。"夫吴人与越人相恶也，当其同舟而济而遇风，其相救也如左右手。是故方马埋轮，未足恃也；齐勇若一，政之道也；刚柔皆得，地之理也。故善用兵者，携手若使一人，不得已也。

将军之事，静以幽，正以治，能愚士卒之耳目，使之无知；易其事，革其谋，使人无识；易其居，迂其途，使能不得虑。帅与之期，如登高而去其梯；帅与之深入诸侯之地，而发其机，若驱群羊，驱而往，驱而来，莫知所之。聚三军之众，投之于险，此谓将军之事也。

九地之变，屈伸之利，人情之理，不可不察。凡为客之道，深则专，浅则散。去国越境而师者，绝地也；四彻者，衢地也；入深者，重地也；入浅者，轻地也；背固前隘者，围地也；无所往者，死地也。是故"散地"吾将一其志，"轻地"吾将使之属，"争地"吾将趋其后，"交地"吾将谨其守，"衢地"吾将固其结，衢地吾将谨其恃，重地吾将继其食，泛地吾将进其涂，围地吾将塞其阙，死地吾将示之以不活。故兵之情：围则御，不得已则斗，过则从。

是故不知诸侯之谋者，不能预交；不知山林、险阻、沮泽之形者，不能行军；不用乡导，不能得地利。四五者一不知，非霸王之兵也。夫霸王之兵，伐大国，则其众不得聚；威加于敌，则其交不得合。是故不争天下之交，不养天下之权，信己之私，威加于敌，故其城可拔，其国可隳。

施无法之赏，悬无政之令，犯三军之众，若使一人。犯之以事，勿告以言；犯之以害，勿告以利。投之亡地然后存，陷之死地然后生。夫众陷于害，然后能为胜败。

故为兵之事，在于顺详敌之意，并敌一向，千里杀将，是谓巧能成事。是故政举之日，夷关折符，无通其使，厉于廊庙之上，以诛其事。敌人开阖，必亟入之。先其所爱，微与之期。践墨随敌，以决战事。是故始如处女，敌人开户，后如脱兔，敌不及拒。

译文

孙子说：根据用兵的法则，军事地理可分为如下九种类型：散地、轻地、争地、交地、衢地、重地、泛地、围地、死地。诸侯在本国的土地上作战，叫作散地；进入敌国国境不深的，叫作轻地；我方得到有利，敌人得到也有利的地区，叫作争地；我方可以前往，敌人也可以前来的地区，叫作交地；同几个诸侯国的土地接壤，先到达就可以得到诸侯列国援助的地区，叫作衢地；深入敌国腹地，背靠敌人很多城邑的地区，叫作重地；凡是在山林、险阻、沼泽等难以通行的地区叫作泛地；入口狭窄，归路迂回，敌人用少量兵力就可以击败我军众多兵力的地区，叫作围地；速战就能生存，不速战就会灭亡的地区，叫作死地。所以在散地不适合作战，在轻地不要停留，在争地不要勉强进攻，在交地不要让部队首尾不接，在衢地要广交外援，在重地要掠取粮草，在泛地必须快速通过，在围地要谋划突围，在死地要拼死战斗。

从前善于用兵的人，能使敌人的前后部队不能相互策应，主力和小部队不能相互依靠，官兵之间不能相互救应，能使敌军上下之间失去联系，能使敌军的士卒散乱而无法集中，合兵布阵却不整齐。符合我军利益就开始行动，不符合我军利益就停止行动。试问：敌人兵力众多而又阵容严整，

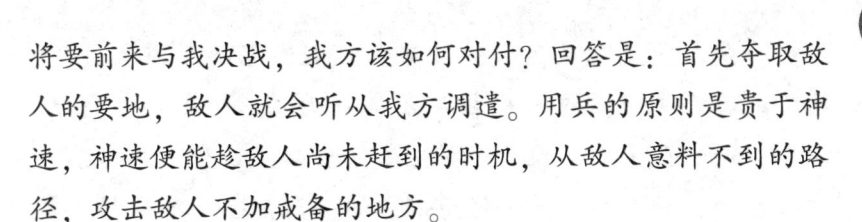

将要前来与我决战，我方该如何对付？回答是：首先夺取敌人的要地，敌人就会听从我方调遣。用兵的原则是贵于神速，神速便能趁敌人尚未赶到的时机，从敌人意料不到的路径，攻击敌人不加戒备的地方。

一般进入敌国境内的作战原则是：越是深入敌境，士卒就会越专心的作战，敌军因此就不容易取胜；在敌国丰饶的原野上掠取粮草，三军就会有充足的粮食；小心保养士卒的体力并且不要让他们劳累，提高士气，积蓄力量；部署兵力，施展计谋，使敌人感到我方深不可测。

将士卒置于走投无路的境地，他们就会宁可死战也不会败逃；士卒死战，哪有不得胜的道理？士卒人人尽心竭力。一旦士卒深深陷入危险境地，就能团结一心而不会感到恐惧，士卒走投无路就会军心凝聚，在万不得已的情况下决一死战。所以，士卒在死地作战，就会不待治理而有戒敌之心，无须要求就有作战意志，不加约束就能亲近团结，不必严令就会信守纪律，禁止迷信，消除疑虑，士卒至死也不会逃走。

我方士卒没有多余的财物，不是因为他们憎恶财货；我方士卒敢于舍弃性命，不是因为他们讨厌长寿。作战命令发布之日，坐着的士卒泪沾衣襟，躺着的士卒泪流满面。但把士卒置于走投无路的境地，他们就会具备像专诸、曹刿的勇气了。

善于指挥作战的人，能使部队做到如同"率然"。率然是常山的一种蛇，打它的头部，尾部就会来救应；打它的尾部，头部就会来救应；打它的腰部，头部和尾部都会来救应。试问：部队可以做到像率然一样吗？答道：可以。吴国人和越国人彼此相互敌视，但是当他们同船共渡遇上大风，他们能像左手帮右手一样相互救援。所以，想用缚住马缰、深埋车轮这种方式来显示士卒死战的决心，认为这样就能使军心稳固，而其实这是不值得依靠的；能使士卒齐心协力奋勇作战如同一个人，这说明军队管理得法；刚强的士卒和柔弱的士卒均能拼出全力，这说明将领能够利用地形之利。所以善于用兵的将领，能使全军携手如同一人，这是客观形势不得已使然。

将军处事要做到冷静而又幽深、公正无私而又善于治理。能蒙蔽士卒的耳目，使他们对将领的作战意图毫无所知；不断变化作战任务，经常改变行动计划，使人们无法把握将领的进攻方略；不断变换军队的驻地，挑选迂回的路线行军，使人们无法揣测出将领的作战思路。将帅与士卒约定作战任务，要做到如同登上高处而抽掉梯子一样，使军队有进无退，只好决一死战；将帅与士卒深入诸侯的土地，要像触动弩机射出箭矢，使士卒一往无前，要如同驱赶群羊一样，驱赶过来，驱赶过去，没有人知道要到哪里去。集合全军，将他们置于险境，使他们人人做到奋勇杀敌，这就是统帅军队的要点。

在九种地形条件下应敌策略的变化，关乎进退攻防的利弊得失，关乎官兵心理的掌握，这些都不可不察。凡是进入敌境，其作战规律是：深入敌境，军心就稳固；进入敌境浅近，军心就易涣散。离开本国敌国境内作战的，就是绝地。四通八达的地区叫作衢地。进入敌境纵深地带的叫作重地。进入敌境浅近地带的叫作轻地。背有险要地势而前有狭隘道路的叫作围地。无处前往的叫作死地。所以在散地，我军要使全军上下统一意志；在轻地，我军要使部队的营垒紧密相连；在争地，我军要迅速抄到敌人的后方；在交地，我军要小心谨慎地防守；在衢地，我军要巩固与诸侯的结盟；在重地，我军要从敌国掠取粮食，补充供给；在泛地，我军要迅速通过；在围地，我军要堵住缺口，以激励士兵决一死战；在死地，我军要显示拼死一搏的决心。所以士卒的心理状态是：陷入包围就会顽强抵抗，形势危急、迫不得已时就会拼死战斗，陷入危亡之境时就会听从指挥。

所以不了解一个诸侯国的战略谋划，便不能与其结交；不了解山林、险阻、沼泽的地形，便不能行军；不用向导，便不能利用地形。这些情况有一种不了解的，就不能成为称王争霸的军队。凡是霸主的军队，进攻一个大国，能使这个大国的民众来不及聚集；兵威加于敌国，会使其盟国不敢与之配合策应。所以没有必要争着与天下诸侯结交，不用培植号令天下的权力，只伸展自己的战略意图，就可以攻克敌人的城邑，摧毁敌人的国都。

施行超越惯例的奖赏，颁布不合常规的法令，指挥三军官兵的行动，就像指挥一个人一样。指挥士卒作战，但不要说明作战意图；使士卒只知道让他们有利的情况，不指出危害把士卒置于危亡之地，这样士卒才能转危为安，让士卒深陷死地，这样才能起死回生。把兵众陷入危险的境地，士卒就会专心作战，这样我军才能获胜。

用兵打仗这种事，在于谨慎地审察敌人的意图，集中兵力攻击敌人的一部，出征千里，杀死敌将，这可称为巧妙用兵。所以在战争谋划已经制定出来的时候，就要封锁关口，销毁通行证件，不许敌国使者往来，君臣在庙堂上反复推敲

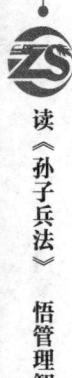

研究，做出战略部署，敌军一旦露出破绽，就要迅速地趁机而入，首先夺取敌人的战略要地，不轻易与敌人约期作战，既要严格遵循作战计划，又要因敌变化，灵活机动，因敌情来决定军事行动。所以军事行动开始阶段像待嫁的女子一样沉静柔弱，诱使敌人打开门户，放松警惕；然后就像跳脱的野兔一样，迅速出击，敌人就会来不及抵御。

读解心得

在战场上，士兵的心理对战争的成败也起着决定性的作用。当年，在韩信与项羽的最后一次交锋时，韩信在正面交锋时并没有占得便宜。于是，就想到让士兵唱楚歌的点子，致使项羽以为自己的士兵多已叛逃……这就是"四面楚歌"的故事。最终在心理上战胜了项羽的士兵，取得了胜利。

孙子在本篇重点讲述了重地、围地和死地对于作战的优势，都是以一个军队的士兵心理为基础。在这里，我们要明白，在重地、围地和死地作战，并不是一种最佳的战略或战术，而是出于统率士兵的角度来考虑的。

因此，如果这个基础发生改变，士兵就可能不会想着逃跑回家，而是出于自愿地为了自己的利益参加战争。这样的话，我们就不应该把军队和士兵故意地进入重地、围地和死地了。

一切兵法最后的归宿，那就是"无常"，一切依据敌我双方局面和情势的变化来调整和改变我们的作战策略。在市场上同样如此，我们要抛弃大多数的方法、理念和技巧，一切根据市场变化而变化。

只有这样，才能做到完全顺应市场，进入无我之境，一切从整体的系统性角度去思考问题，并且无论遇到任何境况都能够做出最有利的决策。

商例活用

越熟悉环境，越能应对各种不同的情形

孙子根据地理位置对作战的影响，把战地分为九大类，并对地区不同提出不同的作战原则和违背原则的补救方法。将帅必须掌握每一种地形的特点从而采用相应的策略。其中，"衢地则合交"更能反映"因地制宜"的灵活性。孙子说处于与别国接壤的地界，就要最大限度地争取盟友，壮大自己的势力，切忌到处树敌。有了良好的外交环境，那么在进攻时不但可以得到援助，而且没有后顾之忧。

在商业中，我们要了解我们周边所处的环境，环境对于竞争是否能够获胜起着很大的作用。所以，对地形和环境越是熟悉，就能越有效地去应对各种不同的情形。

为了获得充足的力量，领导者往往通过防卫来保持自身的力量，所以说占据"争地"就占据了优势。如果整个组织处境不佳，我们就不要去进攻，而是集中力量去防守。只有我们的力量不断增长，达到能够进攻的时候，我们再去进攻。在商业竞争中也是一样，我们要不断加强自身的力量，这些力量可能是我们产品的质量，也有可能是我们的品牌价值，或者是我们的社会声誉，只有这样我们才能与更强的对手竞争。

在商业中，我们竞争的是所谓的"九力模型"即：企业的"品牌力""研发力""营销力""制造力""产品力"

"资源力""决策力""执行力""整合力",这九大竞争力共同构成了"九力分析模型"中的基本要素。在这些竞争力中,我们不能单独去和竞争对手比较某一力量的大小,也不能断绝这些力量的联系,而是综合各竞争力与对手抗衡,这样我们才能战胜对手。

处于不同的市场环境中,只要我们善于发现,就可以找到商机,海尔就从沙尘暴里找到了商机。

★★★★★

近10年来,我们北方受沙尘暴的影响越来越大,沙尘暴也演变成了"城市灾难"。而海尔集团独具慧眼,在沙尘暴中发现了巨大商机。

正值沙尘暴肆虐北方大地、人们生活饱受沙尘之扰苦不堪言之时,海尔推出了"防沙尘暴Ⅰ代"商用空调,其有效地将沙尘暴的危害降低到最小限度,筑起一道健康的防护墙。

据悉,在两周时间内,仅在北京、西安、银川、太原、天津、济南等十几个城市就卖出了3700多套,部分城市甚至出现了产品供不应求、人们争购的局面。

多数人只看到沙尘暴的危害,海尔却看出了商机,并且根据市场的变化、人们的个性化需求,迅速推出了最受北方地区欢迎的产品——防沙尘暴Ⅰ代商用空调。目前国内生产空调的企业已达数十家,家电企业更是数不胜数,为什么仅海尔能做到这一点呢?不难看出海尔在反应速度、市场应变能力、个性化产品开发、技术力量的转化方面所具有的强大实力。这大概也是海尔今天能发展成为知名的国际化大企业,而其他企业难以企及的原因所在了。

只要有市场需求就会有相应的产品产生,既然在短期内我国北方地区无法从根本上解决沙尘暴问题,只有采取种种防御措施,尽可能将沙尘暴给日常生活所带来的负面影响降到最低。海尔"防沙尘暴Ⅰ代"商用空调的应运而生,给处于沙尘之中的人们带来了重新享受清新生活的希望。

> 金钱和社会资源已经不再是影响创业者成功与否最重要的因素,影响创业者成功的最重要因素是认识,是创业者对环境的认识、对人的认识、对金钱的认识、对企图介入领域的认识、对创业小环境的认识以及创业者对创业新法则的认识。

合于利而动,企业经营决策谋略的着眼点

孙子提出了"合于利而动,不合于利而止"的重要作战原则。一个优秀的将帅,应该选择对己方有利的时机而发动进攻。不仅要采用各种计谋使敌人的力量分散,让其处于支离破碎的状态,而且要审时度势,根据战争的形势进退自如,攻守兼备。总的来说就是要让战争形势有利于我方。假如面对有备而来的敌人,同样是以不变应万变,将敌人的优

势变为劣势，就可以主导战势的发展。

从孙子对这一论点的阐述中我们可以看出团结与联合的重要性，这在我们的组织中也同样重要。团队精神是指团队的成员为实现团队的利益和目标而相互协作、尽心尽力的意愿和作风，它包括团队的凝聚力、合作意识及士气。团队精神强调的是团队成员之间的紧密合作。要培育这种精神，首先，领导人要以身作则，做一个团队精神的楷模；其次，在团队培训中加强团队精神的理念教育；最后，是要将这种理念落实到团队工作的实践中去。一个没有团队精神的人难以成为真正的领导者，一个没有团队精神的队伍是经不起考验的。团队精神是优秀团队的灵魂、成功团队的特质，而擅长管理的团队的领导者会努力保持团队的凝聚力，不让竞争对手来分化自己的团队。

★★★★★

周文王去世，其子姬发继位，是为周武王。在其即位的第二年，他率兵东进孟津进行军事演习，观察殷商形势，并号召天下诸侯来会盟。有800诸侯兵至孟津前来会盟，大家宣誓愿意接受武王指挥，即刻灭商。武王以时机尚未成熟为由，引兵西归。通过孟津观兵，武王虽然团结了各路诸侯，但是由于殷商还有一定实力，即刻灭商无必胜的把握，于是撤兵西归，不合于利而止。

此后两年中，殷纣王更加荒淫无道。宗亲微子、箕子、比干进谏皆无效，而被逐、被囚或被杀。再加上纣王征东夷失利，殷商内部众叛亲离。武王认为灭商时机成熟，发文通告诸侯，会兵伐殷。公元前1066年正月，武王率联军6万余人渡过黄河，向距朝歌（殷国都）70里的牧野进军，并举行誓师大会，宣布纣王罪状，鼓励将士们英勇作战，挥师进攻朝歌。纣王仓促组织奴隶和战俘应战。由于他们饱受纣王虐待，不愿再为纣王卖命，两军交锋时，他们纷纷倒戈或溃逃。纣王见大势已去，逃出朝歌，登鹿台自焚而死。商王朝600年的统治至止结束，西周王朝的统治从此拉开序幕。

★★★★★

牧野誓师灭殷商，武王看到殷商人心涣散，联军实力已强过殷商，时机成熟，一举灭商。这是以"非利不动，非得不用"为着眼点，采用正确的决策谋略制胜的典型战例。

"非利不动，非得不用"，孙子所讲的是用兵打仗的利害得失问题、战争胜败问题，其实市场竞争、企业经营也有利害得失、成败问题。企业经营谋略的目的是要获利，竞争致胜，这就要追求经济效益。这是企业经营谋略的着眼点，须贯穿生产经营活动的始终。衡量企业经营决策谋略优劣的标准就是"利和得"，企业生产经营工作应以提高经济效益、增加盈利为核心。

★★★★★

多年前，有一家中小型的电子公司，曾研发了一款专门针对美国市场的单片式电话机，打破了美国电话市场被一家公司独霸的局面，也因此使该公司的规模得以迅速壮大。但没过多久，这家公司的业绩开始下滑，公司立即精减员工，并重新开发了能快速从市场上获利的新产品，继而渡过了难关。之后这家公司开始不断地寻求具有良好市场前景的产品，并逐一淘汰落后的产品，从而使公司继续保持着生机。

该公司一直把盈利作为公司经营活动的目标，"合于利而动，不合于利而止"，这同孙子兵法中的策略如出一辙，也正是该公司得以成功的秘诀。

"合于利而动，不合于利而止"应用到现代企业经营方面，就是只有符合市场需求、可以盈利的决策才是正确的，才能实行。这是一个公司经营的主旨，同时也是一个企业无往不利的前提。

没有绝对的危机，也没有永恒的机遇

战争是力量的较量，它是以一定的人力、物力、财力为基础的。在硝烟滚滚的战场上，战争双方的人力、物力、财力都不是一成不变的，即使是力量占绝对优势的一方，在某一局部地区、某一特定天时之下，它的"优势"也可能转化为劣势；反之，即使是人力、物力、财力都完全处于劣势的一方，只要军队的统帅运筹得当，就可以利用特定的天时、地利在局部上变劣势为优势。

举世闻名的"尿布大王"——多川博先生就是一个善于抓住良机的人。

多川博先生是日本尼西奇公司的董事长。原来，尼西奇公司并不经营"尿布"，在经营"尿布"之前，尼西奇公司虽经多方努力，但生意很一般。有一天，多川博闲着没事，随手拿起一份报纸来看，这是一份日本人口普查报告，这份报告介绍说：日本每年大约有250万婴儿出生。

看到这里，多川博吓了一跳，因为他从来没思考过这个问题，"250万！天啊，这么多？不过，这可是一个大市场，也许，还是一个难得的机遇！"多川博不愧是一个天才的商人，他的头脑如同一台高效能的电子计算机，立即飞速地运转起来。

"婴儿，婴儿……"多川博满脑袋全是与婴儿有关的事物，"婴儿需要牛奶、需要糖；婴儿需要精巧、舒适的衣服；婴儿需要奶瓶、奶嘴，需要小推车……"

多川博想到了一个又一个关于婴儿的物品，随即又一个又一个地被他推翻：什么牛奶、糖、衣服、奶瓶、奶嘴、小手推车……这些传统的婴儿用物早就有人生产经营了，跟在人家屁股后面跑，要超过人家谈何容易！

"应该找一个别人没有生产的东西来经营。"多川博自言自语道，"对！只有开发别人没有生产过的东西才能独领风骚！"

突然，多川博想到了"尿布"。"尿布！哪个

婴儿能离得开尿布呢?"多川博兴奋起来,"如果每个婴儿使用两条尿布——这是最保守的数字了,一年就是500万条!如果每个婴儿使用四条,那就是1,000万条!如果把市场扩展到国外去……"

多川博是个说干就干的人,他立即集中人力、财力对尿布进行研究、开发,并把尼西奇变为生产尿布的专业公司。尼西奇的"尿布"上市后,非常受欢迎。多川博没有止步,他组织一批精干的技术人员,不断地研制新型材料,开发新品种,创立名牌,令一个又一个"后来者"望尘莫及。因此,多川博博得了一个"世界尿布大王"的美称。

危险与机遇是孪生兄弟。企业管理者不要总把精力放在过去的危机上而牺牲掉未来的机遇。我们应该看到,危险可以转化为机遇,机遇也可能在危险中丧失,没有绝对的危机,也没有永恒的机遇,正是危险与机遇的如影随形,才让我们真正认识到企业管理与经营的大智慧、高境界。

2008年年底,全球爆发金融危机,经济形势急剧恶化。纵观世界商业史我们不难发现,经济危机是企业必须经历的一次考验。面对经济寒冬,平庸的公司在逆境中消亡,而优秀的公司则因此在变革中成长和壮大。即便是在别人看来难以逾越的天堑,伟大的公司总是能找到跨越的天梯。

经济危机无情,不会轻易放过任何一个企业。但是,管理者都具有判断力,只不过眼光不同,判断不同,进而采取的方法和手段也不同。未被危机洗礼的企业难以成为伟大的企业，而在危机中依然能够保持增长势头的企业必然是善于在危险中发现机遇的企业。战胜危机的最好的方式不是对抗，而是找到新的发展良机。

★★★★★

德国一家足球生产厂商被数十名妇女联手告上法庭，指控理由是：她们的丈夫迷恋足球已经达到让人不能容忍的"疯狂"地步，严重影响了夫妻关系，要求生产足球的厂家赔偿她们精神损失费100万欧元。妇女们的这一举动居然获得了同情和支持，很多人认为这是这家工厂的灾难，此举会让这家工厂的信誉将大为受损。但精明的厂商却趁机大造声势，利用妇女们的指控，在媒体大力投放广告：她们指控我们，是因为你，还是因为足球？言外之意，他们生产的足球是全世界最好的。男人们鼎力支持这个广告创意，结果，这一奇特的官司经过媒体大肆宣扬，使该厂名声大振，产品销量一下子翻了10倍。

★★★★★

坤福之道

谁也不希望遭遇危机，但商场风云变幻，企业管理者难免会碰到出人意料的危机，灾难的降临是不可避免的。如果能想办法度危机、捕商机，那么必定能够创造出新的市场奇迹。

做前行路上的号手，激起团队的热情

人们说，打仗靠士气，所谓"一鼓作气，再而衰，三而竭"。没有旺盛的士气，是不能打胜仗的；如果士气萎靡不振，打起仗来更是必败无疑。所谓士气，说白了就是一种情绪、情感的表现，是人们在不同环境下的复杂心理活动的反映。

孙子提出一个重要思想，这就是：越是把军队投入危险的地方，越是能激发士卒们团结对敌的情绪，创造转败为胜、化险为夷的奇迹。

孙子曰："围地则谋，死地则战。"又曰："投之亡地然后存，陷之死地然后生。"进入"围地"，敌军占据地利，可以以一当十，我军完全处于被动挨打的危险境况，九死一生。因此，孙子强调，必须立即堵塞缺口，阻挡住敌军的攻击，并巧设计谋，出奇制胜，以求死里逃生。

"死地"的形势比"围地"更加险恶，甚至连谋划的时间也没有。这时候，唯一的策略就是激励全军战士同仇敌忾，殊死奋战，死里求生。在孙子眼里，只有让团队陷入绝境，团队的激情才能最大限度地被激发。

激情是可再生资源，可以培育；激情生生不息，可以互相感染。一套好的激励制度；一个善于激励的上司；一个充满激情的同事；都能让一个团队激情弥漫，充满活力。

管理者和普通员工最大的差别在于管理者不仅知道自己的责任，更能够利用自己的热情激发出员工身上的能量。在这个过程中，他的行为理念会成为员工效仿的榜样，从他的身上员工能看到美好的愿景,并且分享成功的喜悦。从这个意义上说,分众传媒控股有限公司的董事长江南春注定会成为一个优秀的管理者。

不熟悉江南春的人都说他是个儒雅的管理者;熟悉他的人说他是一个拥有天才般思维的管理者,是一个充满激情的管理者。

大学时期,江南春的诗情和才华使他成了校园内的风云人物。据说,当时的他特别喜欢在公众场合露面,无论到什么地方,他都会成为现场最引人注目的存在。

当时的校友这样评价江南春:他思路清晰,逻辑严密,回答问题针对性强、充满趣味、极富感染力。这刚好与当前分众传媒几位高层对其的评价不谋而合。

在分众传媒的管理团队中,几乎所有人都是被他的激情打动而加入这个团队之中的。其中包括首席营销官陈从容、副总裁嵇海容以及首席战略官陈岩。公司营运副总裁张家维更是视江南春为自己的偶像:"他是一个很强势的人,在他眼中没有失败,当他第一次和我谈到大卖场这一新项目时,就详细解答了我的所有疑问。因为在很早的时候,这一项目就有人尝试过,但是都没有成功。但江南春说正因为没有人成功,我们的成功才是具有最大的价值。他对成功的理解感染了我,于是我放弃了即将到手的期权,加盟分众。江南春在很多方面有独到之处，如在吸引人才方面，许多企业的吸引手段是靠工资，这必将增加企业成本，而他是用精神感染大家，给我们描绘一个远景，让我们觉得目前的努力是有盼头的。"

尽管早年痴迷文学的江南春最终没能成为一个"把天下人的苦难视为自己苦难"的诗人，但是擅长感性思维的他对事物那种近乎偏执的激情却并没有被泯灭，反而能够最大限度地感染周围的人，其中也包括他自己的竞争对手。

"我们要爱我们的敌人，敌人也就消失了"，这是江南春喜欢的一句话，出自圣雄甘地之口。

在分众传媒和聚众传媒为了地盘争得头破血流时，聚众传媒的总裁虞锋曾经有这样的疑虑：为什么要杀敌一万、自损九千呢？难道一定要在红旗插到对方领土再回头发现身边已无人吗？正是看准了这点，江南春在与虞锋见了两次面之后，就让一个潜在的敌人"消灭"了。在这个过程中，外界很难判断究竟是谁感染了谁，但有一点是可以肯定的——对双方来说，只有合作才是最好的解决方式。

伴随着媒体日趋多元化的发展趋势，分众传媒仍然会面临其他相关媒体广告业务方面的竞争。但是在合并了聚众传媒之后，江南春已成了行业巨头。

成功的创业者一定具备领袖气质，江南春将"领袖"定义为持续的激情。"即便是在很多人表示怀疑时，仍然要保持激情与信心。"他正是用这种持续的激情推动着分众传媒走向更辉煌的未来。

对于团队的管理者来说，只有对自己所从事的工作充满激情，才会全身心地投入其中，才会激励团队不断前进。团队的管理者要成为一个优秀的"号手"，能吹起团队前行路上响亮的"冲锋号"，激起团队工作的激情与热情。那么，团队管理者如何才能扮演一个优秀的号手，激起团队的激情呢？

1. 自身激情要足

正所谓用心灵感化心灵，用激情点燃激情。激情是可以进行传染的，管理者要成为团队激情的"感染源"。很多人喜欢看电视剧《亮剑》，剧中的团长李云龙和政委赵刚有这么一段对话：

赵刚："我明白了，一支部队也是有气质和性格的，而这种气质、性格是和首任的军事主官有关。他的性格强悍，这支部队就强悍，就嗷嗷叫，部队就有了灵魂。从此，无论这支部队换了多少茬人，它的灵魂仍在。"

李云龙："兵熊熊一个，将熊熊一窝。只要我在，独立团就嗷嗷叫，遇到敌人就敢拼命……"

部队这样，企业也是如此，员工的工作激情与企业领导者有关，管理者自身如果没有激情，可能就"将熊熊一窝"。领导有激情，员工才会"嗷嗷叫"。

2. 自身底气要足

管理者要成功地激起员工的工作激情，自身底气必须足。管理者的底气是什么呢？其实最根本的就是管理者自身的形象及在员工中的良好声誉。管理者在团队中的可信度越高，工作的底气就越足,激励的效果就越好。管理者是团队的领头雁、排头兵,他的思想觉悟、习惯作风、个人涵养在团队建设中都起着至关重要的作用。管理者的形象不容忽视,这就需要领导时时处处注意自身的形象建设,要对自己常用"整容镜",整出自己实事求是的工作作风、脚踏实地的工作态度、令人信服的人格人品;整出自己领头雁、排头兵的风姿风采,使自己拥有在团队中激励的魅力和资本,增强自己的号召力。

3. 躬着身子"吹号"

作为一个团队的管理者,在日常的管理中需要发号施令,不会发号施令的领导注定当不成好领导。但是,领导的权威不光是建立在他的行政职务上,还体现在他的综合影响力上。因此,在注重制度管理的同时,也要注意亲情管理,注意"精神关怀"。领导与员工在职务上虽有区别,但在人格上是平等的。只有领导躬着身子"吹号",才更容易传到员工的心坎里,激起员工的工作热情。

员工有没有激情,能不能让员工拿出激情,是衡量一个团队管理者的关键。激情是企业的活力之源。无论是彼得·德鲁克、汤姆·彼得斯,还是松下幸之助、比尔·盖茨,他们都是激情的倡导者、实践者。

坤福之道

没有激情,团队将是一潭死水,团队中的员工就是死水里的鱼,那种缺氧的窒息感让人绝望。所以,请拿出你的激情!因为没有哪家企业愿意成为没有激情的企业,没有哪个员工愿意成为没有激情的员工。

置之死地而后生，危机也是一种激励

战争史上项羽破釜沉舟、韩信背水列阵，都是利用"陷于死地而后生"这一兵法原则来唤起部队与敌人拼命的斗志。换言之，如果企业时刻置自身于危险境地，反而会获得生存的机会。

以危机意识来激励员工，就是危机激励。危机激励的核心思想是企业领导要不断地向员工灌输危机观念，让他们明白企业生存环境的艰难，以及由此可能对他们的工作、生活带来的不利影响。这样就能激励他们自发地努力工作。

但凡明智的管理者均会不断强化危机意识，觉察到存在制约企业发展的危机时，主动激发奋进，做到防患于未然。面对危机四伏、变幻莫测的市场环境，应尽早采取相应的措施和行动，变危机为生机，置之死地而后生最后取得胜利。

★★★★★

20世纪60年代末，加农公司的管理层就使用危机意识激励员工的方法，使公司顺利地走出低谷，转危为安。

加农公司经过连年拼搏，采取多种灵活的经营方式，终于成功地打入了计算机市场。它研制的键盘式计算器试销后获得成功，十分畅销。但是好景不长，由于研制工作仓促，改制的新型计算器缺乏合理性，市场反应不好，结果导致销路不畅，再加上时值第一次石油危机的打击，加农公司财政出现巨额赤字，濒临倒闭。

读《孙子兵法》 悟管理智慧

　　面对困境，如何挽救颓势？公司高层召开董事会商讨对策。就在这时，在董事会名列最后的贺来提出，应该把危机告诉全体职工，让他们知道企业目前处于危险境地的真相，唤起他们的危机感，最大限度地刺激员工的全部智能，以激发员工的工作热情，振奋起背水一战的士气。加农公司采纳了贺来的建议，向全体职工发出了危机警告。

　　这样一来，那些以为身居高位的人也紧张起来了，员工更是感到前所未有的紧迫感，公司上下被一种危机气氛笼罩。在这种危机感下，员工齐心协力，出主意、想对策，这时的员工所创造出的智慧是平时无法产生的。

　　于是，新建议、新方案层出不穷，如何挽救加农公司成为职工日常议论的话题。贺来针对员工提出的建议和方案进行了整理归纳，并提出了"优良企业设想"的整改方案。这一设想旨在改革企业的生产和科研体制，极大地调动了全体职工的积极性，终于使加农公司渡过难关，并成长为一个国际化的大企业。

　　从加农公司的事例我们可以看出，当企业陷入困境时，不如把危机坦诚告知全体员工，因为危机意识能够使员工发挥最大的潜力，甚至可以挽救一个濒临倒闭的企业。

　　孟子有句名言："生于忧患，死于安乐。"可见忧患意识关系到人的生死存亡。对企业来说，时刻保持警惕，才是企业生存与发展的前提。管理者只有比别人先察觉到潜在的危机，才能使企业健康发展，进而立于不败之地。

《论语》中说"人无远虑，必有近忧"，面对变幻无常的、残酷的市场环境，企业更是如此。一方面，随着社会的进步，新的科学技术不断涌现，给企业带来新的机遇和挑战；另一方面，新的市场竞争对手和竞争手段不断出现，任何停留在原有水平上的企业大多会被市场淘汰，这是由客观规律决定的。

在企业运营的过程中，面对众多的风险，有的企业成功地化险为夷，有的企业却遭到失败，甚至以破产而告终。其中的差别就在于在面对风险时如何更有效地调动员工的积极主动性。

危机激励能够使大家产生担当意识，一致对外，与公司共存亡，和竞争对手拼搏。当所有员工的个人目标和企业目标紧密相连的时候；当所有员工都把企业目标变成自己的奋斗目标之后，企业就会有取之不尽、用之不竭的能量，克服困难和"攻城略地"也就不是什么难题了。

第十二篇
火攻篇

　　本篇孙子指明运用火攻时应注意的各种问题以及应采取的灵活策略，主张"非利不动，非得不用，非危不战"的战略原则，提出"主不可以怒而兴师，将不可以愠而致战"的慎战思想。其中，古代借自然之力为我所用的战略思想，仍然有其现实价值，尤其是在互联网及各种媒体迅速发展的今天，善于借力、借势，可以帮助我们迅速达到目标。

读《孙子兵法》悟管理智慧

原文

孙子曰：凡火攻有五：一曰火人，二曰火积，三曰火辎，四曰火库，五曰火队。行火必有因，烟火必素具。发火有时，起火有日。时者，天之燥也；日者，月在箕、壁、翼、轸也。凡此四宿者，风起之日也。

凡火攻，必因五火之变而应之：火发于内，则早应之于外；火发兵静者，待而勿攻，极其火力，可从而从之，不可从而止。火可发于外，无待于内，以时发之。火发上风，无攻下风。昼风久，夜风止。凡军必知五火之变，以数守之。

故以火佐攻者明，以水佐攻者强。水可以绝，不可以夺。夫战胜攻取，而不修其功者凶，命曰"费留"。故曰：明主虑之，良将修之，非利不动，非得不用，非危不战。主不可以怒而兴师，将不可以愠而致战；合于利而动，不合于利而止。怒可以复喜，愠可以复悦，亡国不可以复存，死者不可以复生。故明君慎之，良将警之。此安国全军之道也。

译文

孙子说：一般来说火攻的方式有五种：一是烧杀敌军人马；二是焚烧敌军粮草；三是焚烧敌军的辎重；四是焚烧敌军的物资仓库；五是焚烧敌军的粮道与运输设施。运用火攻必需条件具备，火攻器材必须随时准备好。放火要选好天时，起火要选好日子。有利于火攻的天时指的是天气干燥；有利于火攻的日子指的是月亮运行经过箕、壁、翼、轸四星位置的时候，凡是月亮运行到这四个星的位置时，就是起风的日子。

凡是火攻，必须根据五种火攻所引起的变化而采取机动灵活的办法对付敌人。火在敌营里面烧起来，就要预先派士兵在外面接应。火已烧起来敌兵却依然保持镇静，我方就要等待而不可进攻；等火势旺盛后再根据情况做出决定可以进攻就进攻，不可进攻就停止。火可以在敌营外面燃放，这时就不必等待内应，只要适时放火就行。在上风口放火时，不在下风口进攻。白天风刮得久了，夜晚风就会停止。军队必须懂得五种火攻的变化，在适合火攻的时候要严加防守。

用火来辅佐军队进攻的效果显著，用水来辅佐军队进攻的势头是强劲的；水可以分隔敌军，却不能摧毁敌军的物资。作战取胜、攻下城邑以后，却不能适可而止，停止战争，会很危险，这种情况叫作"费留"。所以说，明智的君主对此要慎重考虑，贤良的将帅对此要认真研究，没有好处不要行动，没有取胜的把握不能用兵，不到危急关头不要作战。君主不可因一时愤怒而发动战争，将帅不可因一时气愤而出战；符合国家利益才出兵，不符合国家利益就停止。愤怒可以重新转为欢喜，气愤可以重新转为喜悦，但是国家灭亡了就不能再建立，人死了也不能再生。所以明智的君主应该慎重，贤良的将帅应该警惕，这是关乎安定国家、保全军队的基本道理。

读解心得

火攻需要火和风的配合，对于企业网络营销也是一样的，要巧借东风，让最终的推广效果扶摇直上，从而利誉双收。另外，网络营销还需要内部和外部的推广同时进行配合，这样才可以更好地制造声势，提高整体的影响力。

综观当今一些迅速成功的案例，我们不难发现，他们几乎都是在很好的借力、借势下名利双收。比如，阿里巴巴、

分众传媒、凡客诚品等公司。网络时代，各种奇迹每天都在发生。多年前，就有专家预测，每个企业或每个人都有可能在15分钟内成名，也有可能成名15分钟。所以，21世纪，谁能充分地使用网络媒体，谁就将获得不可思议的收获。

作为企业营销管理者，切忌贸然地进行决策。营销前要做好相关的调研和分析，制订出详细的市场计划，对营销效果不明显的减少其广告的投放量，在高效媒体上集中优势资源。对于反击对手，如果没有充分的把握则要量力而行。

对网络营销来说，达到目标只是第一步，在其后要保持住这个效果继续进行推广水平的提高，需要管理者心态稳定、头脑清醒。

商例活用

 既要会观"天时"，又要会巧借"东风"

孙子提出发起火攻必须凭借一定的条件，比如易燃的物质、干燥的天气和有利的风向等。无论选择哪种火攻的方式，都要善于利用环境创造的客观条件。

无论开始一个行动还是做出一个决定，都需要把握时机，并且能够整合各种资源，做好充分的准备。知己知彼，才能百战不殆。正如你不会在下雨天点火一样，并不是每天都适合采取行动。为了确保目标的达成，我们要有明确的方向，并善于运用恰当的工具，从而事半功倍。"草船借箭"和"火烧赤壁"已经向我们证明了这一行动策略的有效性。另外，环境也会决定你是待在原地，还是立即行动。有时候，我们还需要有足够的耐心和能力对变化的世界做出迅速的反应。

在商场中,像亚摩尔这种既能观察"天时",又能巧借"东风"的人,必然能比别人获得更多、更大的财富。

无论什么事情,如果它已经发生了,你没有及时反应,实际上,你已经失去了竞争优势。我们都知道,有的优势变换了环境不再是优势了,同样地,有的劣势变换一下环境却成了优势,优势和劣势随着环境的变化在相互转化。我们要善于根据形势的变化,在这两者之间寻找一个更好的结合点。当形势不明朗时,不要轻举妄动,更不要恐慌,应该耐心地静观其变。同样地,在处理平时工作中的冲突时,不要轻易地行动或发表意见,先倾听,找到问题的关键所在,再行动也不迟。

在某些特殊的时期,利用一些外在的势力,适时地宣传自己,是成功的关键。从某种意义上来说,成功意味着挺立于众人之上。个人的力量是有限的,在某些因素的限制下,可能会欲成不能,但是运用别人的力量就不同了。

谨慎是大智慧,也是成大事者的必修课

孙子告诫我们火攻要懂得利用风势,如果没有找对防火的位置,不但无法歼灭敌人,还有可能让自己的部队遭受损失。将帅指挥作战,必须掌握火攻的特点,把握发动火攻的时机。

如果白天有风时某个地方起火了,夜晚通常比较安静。

风不会在一个地方停留得太久，可以随时随地转变方向，没有任何预兆。所以，一个人不要期盼着今天的方案能解决明天的问题。形势随时都有可能发生变化，这就好比花儿的变化，今天绽放的喜悦也会变成凋谢时的绝望。但要记住，正如今天枯败的花儿蕴藏着明天新生的种子，今天的悲伤也预示着明天的欢乐。居安思危，否极泰来，风水轮流转，我们要时刻保持着清醒的认识。

管理也是如此，当我们在面对一项重大决策时，不要随便地做决定。也就是说，在自己尚未彻底了解之前，不要盲目行动。比如说，在要大量订购某种产品时，如面临的压力是现在不订下来，可能不久以后就订不到，但是自己又对这些产品的质量并不太清楚，这时候该怎么办呢？

像这种因为怕迟疑而订不到货物的情形，往往会使自己很容易妥协，仓促间做出决定。这是人类的弱点，也是管理者经常会遇到的现象，同时也可能是导致企业危机的因素。

所以，平日里就该养成在不了解情况时绝不轻易做决定的态度，而且也要让员工奉行这种谨慎的工作态度。

★★★★★

世界船王包玉刚是一位以谨慎行事著称的大管理者。起初包玉刚的父亲主张从事房地产生意，可是他认为房地产生意只是收租，而且形势一变，就有可能被没收，而船运业是世界性的业务。可见，包玉刚选择船运业，是出于谨慎的考虑。在经营上，不到万不得已，包玉刚绝不搞投机冒险。他稳健务实的作风，使得包氏的资产得以稳定地增长，始终立于不败之地。1955年刚开始从事航运时，国际上普遍实行按船只行程计算租金的单程包租方法。这种办法在世界经济繁荣时期的确能获得较高的利润。但包玉刚看得比较长远，他认为世界市场变化无常，经过一个时期的繁荣后，随之而来的必然是萧条和危机。所以他一开始就不采取单程包租办法，坚持以较低的租金去签订长期可靠的合同，把船只交给信誉高、收入可靠的雇主。这使他的船运公司经受住了一次又一次经济危机的考验，从而保证了利润的稳定增长，最终成为世界船王。

商场如战场，我们要慎重地对待每一件事，只有这样，在生活和工作中才能少出差错，才能一步一步地把事情办好。谨慎是一种大智慧，也是成大事者的必修课。

松下幸之助采用的"尺蠖虫"经营方法，也是一种谨慎行事的经营方法。松下说："尺蠖虫就是前进二寸又退回一寸，这是很值得学习的。赚了三年以后，第四年还想赚，也就是它面临死亡的时候。死亡好，还是退后一年仍能生存好？当然是现在的损失比较好。紧接着就是第二年再赚，下一半年还要赚，现在就要有这种想法。"

必须指出的是，谨慎必须不泯灭开拓进取精神，不排斥勇气和果断的治事作风。一味地谨小慎微，无心开拓进取，不敢冒半点风险，优柔寡断，只会损害甚至葬送事业。包玉刚、松下幸之助的谨慎，都是与开拓精神、勇敢品格和果断作风统一在一起的。

坤福之道

> 危机的发生大多是因为事情初期的怠惰和松懈。就好像有人患病,开始病情轻微,便抱着无大碍的心理,结果由于延误治疗而酿成重病甚至丧身,后悔时已经迟了。一个人如果自以为已达到完美,便要开始走下坡路。企业发展壮大了,一着不慎,就会满盘皆输。

 分析清楚形势,当进则进当退则退

孙子说:"故以火佐攻者明,以水佐攻者强;水可以绝,不可以夺。"孙子在这里分析了水和火在作战时的差异,水能够给敌人带来冲击,但并不能像火那样烧伤敌军。火攻之所以备受兵家青睐,就是因为它可以迅速削弱敌人的力量。

21世纪会整合资源的人,将会变成富有的人。古人云:"君子之道,善假于物也。"即使你现在一无所有,如果你善于利用天时、地利、人和,谁也不能阻止你成功。如果形势不允许你犯错,只能孤注一掷。如果你的实力很强大,允许你有犯错的机会,可以从事有风险的商业活动,风险背后都是机会。有时候防守可以阻止进攻,但一味地防守并不安全,仍然需要去开拓新的市场。

★★★★★

有一家工厂一直以来都是靠着一位港商提供的原料进行生产,除此之外没有其他合适的原料供应商。当该工厂剩下的原料只能再维持半个月时,就找来了港商,想以一个合适的价格继续向其购买原

料。谁料想这个港商仗着自己是该工厂唯一的原料供应商，在商谈过程中极其傲慢，并企图抬高价格，使双方之间的商谈一时间陷入僵局。后来，工厂的谈判代表想出一个办法。当港商在谈判中继续咄咄逼人时，该谈判代表突然拍案而起，假装一副被逼急了的神态大声斥责对方道："既然你不是诚心合作，那就算了！我们现在还有一年多的原料库存量，反正你的货本来也没有什么销路。到了一年后我们直接转产就是了，到时候也不用再与你交易。我看你还是请回吧！"港商没料到工厂态度会如此强硬，一时间慌了手脚。最后他觉得抬价肯定是不可能了，于是只得重新坐下来和工厂好好商量。最后双方以合理的价格成交，工厂如愿以偿，而港商也满意而归。

本案例中以"火佐攻者明"顺利地完成了谈判，给我们一个重要启示：防守和进攻都需要，关键是掌握火候。该你强势时，一定不能软弱；该你软弱的时候，一定不要强势。当进则进，当退则退，关键要分析清楚形势。

量权揣势，统观全局，正确地分析局势，才能制定正确的策略，与对手一决高下。审时度势，才会知道轻重缓急，然后在机会来临时当机立断，胜利也不是遥不可及的事情。

稳扎稳打，脚踏实地地完成宏伟的目标

孙子强调，打了胜仗，要及时巩固胜利成果、论功行赏，否则，用生命换来的成果就会付诸东流。而巩固胜利的战果，则需要考虑攻取城池后的一系列问题，人员如何安置？士兵与当地百姓如何相处？城池如何设防？总之，维护胜利果实与取得胜利同样重要。

我们时常在媒体上看到某些曾经成功的企业家，如同流星一般，一闪而过，之后便再也看不到了，有的甚至走向了另一个极端。这些人都有一个共同特点：没有充分利用自己的成绩，虽然达成了目标，却迷失了方向，自毁前程，实在可惜。十多年来，我一直在研究人性的弱点，发现那些容易迷失自己的人，往往都是那些没有使命感、缺少信仰的人，这些人很容易受外界的影响。而真正伟大的成功者，往往是那些完全忘掉了自我、心系天下、有强烈的社会责任感的人。他们希望在有限的人生里能帮助更多的人，为社会和人类多做出贡献。记住：一心想赚大钱的人，永远都赚不到大钱，也走不远，出发点就决定了终点。如果你能把一件简单的事情做到极致，你就会成功，金钱也会随之而来。

★★★★★

中国民营企业的"昙花一现"已为世人公认，三五年的短暂周期是众多民营企业难以摆脱的命运。其中一个重要原因就在于没有巩固好根基，盲目求"大"。

在公司的拓展过程中，有效益地扩大规模是很重要的，但也不能一味地为寻求高市场占有率而盲目地扩大规模。在国外，制造业的规模动态已发生了逆转，效益最好的企业并不是规模最大、市场占有率最高的企业。同时，兼并、重组的主要目的是通过产业结构的快速调整来增强公司的竞争力，而不是盲目的求"大"。

企业间的竞争靠的是技术的创新和产业的升级而不是低价格，有着最高市场占有率的企业并不一定就是最后的赢家。从某种意义上讲，今天无效益盲目扩大规模的行为，就是在为未来制造成本。

中国民营企业短命的另外一个原因是盲目的多元化投资和狂热投机，还有金融领域最近流行的"杠杆收购"的高风险投机行为。

社会的快速发展，也迫使民营企业家必须快速成长。但如果一味地追求快，而忽略了自身的基础，就会因为根基不稳而摔倒。孙子一直提倡"知己知彼"，其中最难的就是能够客观清楚地认识自己。很多企业并不是被竞争对手打败的，而是自己打败了自己。

坤福之道

> 不论多么远大的理想，都需要一步步实现；不论多么浩大的工程，都需要一砖一瓦垒起来。年轻人希望在未来社会中有属于自己的一片天地，但你要做的并不是空想，而是把握现在，认真、踏实地对待每一天，这样才能完成宏伟的目标。

清醒理智制定战略，别让情感取代理智

孙子反复强调慎战的原则。如果没有必胜的把握，或对我方有利，或到了生死存亡的时刻，都不要轻易发动战争。特别是国家领导人和军队的将帅，不可因为一时的愤怒而意气用事，因为战争是残酷的，会让人民遭受苦难和生死离别的折磨，如果战败，后果更是不堪设想。

领导者必须对达成每一个目标的具体计划和工作方法做好规划，计划越周密胜算越大。领导者必须了解：政之所行，在于顺民心；政之所变，在于逆民心。领导和管理者的区别是：领导者是选对人、做对事，管理者则是严格执行，把事做对。领导者领导人心；管理者管理事务。所有的公司决定和行为，都要在公司整体运营战略下行事，不可盲目扩张，否则，扩得快死得也快。很多曾经辉煌的企业，在一夜之间崩盘，都充分地说明了这一点。成功是规划设计出来的，正如兵法所说，决胜千里，运筹帷幄。

作为企业的最高决策者，引领整个企业的方向关系到企业的命运和无数员工的利益，所以每个决策都需要非常慎重。战略是一个高度理性的决策过程，不允许被任何的感情色彩干扰。企业战略一旦确立，执行者需严格执行，不可因个人喜好擅自更改方向。为此，公司需要有一套监管机制，避免失控。尽管我们都知道："用人不疑，疑人不用"，其实，这句话并不完全正确，"用人"，用的是这个人的才能，"疑人"，怀疑的是他的人品和道德。是人都会有弱点，随时都有可能受到环境和外界的影响，所以，需要对其行为给予关注，及时发现及时更正，确保公司在安全的轨道上运行。

艾柯卡是一位优秀的职业经理人，在推销"野马牌"汽车中取得辉煌的成绩，也表现出了卓越的才能。1970年，艾柯卡被福特公司聘为总经理。上任后，他不顾董事长亨利·福特的反对，推出一种耗油量低的小型汽车，并且取得了很大的成功，为福特公司赚取了35亿美元。但福特却满怀嫉妒，寻找各种理由解雇了艾柯卡，赶走了为公司立下赫赫战功的总经理，结果却为克莱斯勒公司送去了一个难得的人才。从此，福特公司每况愈下，陷入进退两难的境地。

在企业经营中，如果管理者以情感取代理智，轻率急躁，将会给企业带来不可估量的损失。企业的任何一个策略都必须经过仔细的分析和研究，这要求管理者要保持清醒的头脑和正确的判断力。

坤福之道

在任何环境、任何情形之下，都要保持一个清醒的头脑和正确的判断力。在人家失去镇静、手足无措时，你仍保持着清醒镇静；在旁人做着可笑的事情时，你仍然保持着正确的判断力，能够这样做的人才是真正的杰出人才。

第十三篇
用间篇

孙子曰："知己知彼，百战不殆。"只有对敌人拥有充分的了解，才可以运筹帷幄，从容应战。"用间"无处不在。孙子所强调的"用间"，讲的是战略侦察。用间实是"兵法"用计之王者，在历史上不只是战争上用间，在政治上、经济上、商业上也常有经典实例。

原文

孙子曰：凡兴师十万，出征千里，百姓之费，公家之奉，日费千金，内外骚动，怠于道路，不得操事者，七十万家。相守数年，以争一日之胜，而爱爵禄百金，不知敌之情者，不仁之至也，非民之将也，非主之佐也，非胜之主也。故明君贤将所以动而胜人，成功出于众者，先知也。先知者，不可取于鬼神，不可象于事，不可验于度，必取于人，知敌之情者也。

故用间有五：有因间、有内间、有反间、有死间、有生间。五间俱起，莫知其道，是谓神纪，人君之宝也。乡间者，因其乡人而用之；内间者，因其官人而用之；反间者，因其敌间而用之。死间者，为诳事于外，令吾闻知之而传于敌间也；生间者，反报也。

故三军之事，莫亲于间，赏莫厚于间，事莫密于间。非圣贤不能用间，非仁义不能使间，非微妙不能得间之实。微哉微哉！无所不用间也。

间事未发，而先闻者，间与所告者皆死。凡军之所欲击，城之所欲攻，人之所欲杀，必先知其守将、左右、谒者、门者、舍人之姓名，令吾间必索知之。必索敌人之间来间我者，因而利之，导而舍之，故反间可得而用也；因是而知之，故乡间、内间可得而使也；因是而知之，故死间为诳事可使告敌。因是而知之，故生间可使如期。五间之事，主必知之，知之必在于反间，故反间不可不厚也。

昔殷之兴也，伊挚在夏；周之兴也，吕牙在殷。故明君贤将，能以上智为间者，必成大功。此兵之要，三军之所恃而动也。

译文

孙子说：凡是发动十万人的军队，出征千里之外，百姓的花费、国家的开支，加起来每天都要耗费千金；前后方动荡不安，一路上疲于运送物资，无法从事正常农耕生产的成卒多达七十万家。敌我双方对峙数年，目的是争得最终的胜利，如果吝惜爵禄和金钱，不愿重用情报人员，最后因不了解敌情而打了败仗，这种将领是极其不仁的。这种人不配当军队的将领，也不配成为君主的辅佐者，更不可能成为胜利的主宰者。所以贤明的君主和将领，之所以一出兵就战胜敌人，成就的功业超越众人，就在于他们事先已探明敌情。若要事先探明敌情，就不可使用求神问卜的迷信手段来获取；不可用相似的现象作出此推测；不可用推验日月星辰运行的位置去验证。一定要取之于人，从了解敌情的人的口中去获取。

情报人员的运用方式有五种类型：即乡间、内间、反间、死间、生间。以上五种情报人员同时用起来，使敌人无从捉摸其用意的规律，这就是使用间谍的神秘莫测的方法，是国君克敌制胜的法宝。所谓乡间，是利用敌国的同乡充当情报人员；所谓内间，是利用敌国的官吏充当情报人员；所谓反间，是利用敌方的情报人员而使其为我方所用；所谓死间，是向外传递假情报，让我方情报人员将假情报传给敌方的情报人员，诱使敌人上当，一旦事情败露，我们难免一死；所谓生间，是能够安全返回国内报告敌情。

所以在军队中，没有什么人会比间谍更亲密，没有什么赏赐会比赏给情报人员的更优厚，没有什么事情会比使用情报人员更机密。不是才智卓越的人不能使用情报人员，不是

仁义慷慨之人不能指使间谍，不是心思神妙的人不能分辨情报人员提供的情报的真伪。微妙啊，微妙：没有什么地方是不需要使用间谍的！

用间的方案尚未实施便有人事先知道了，这种情况下间谍与了解内情的人都要处死。凡是打算攻击某支军队，进攻某座城池，杀死某个人物，必须事先了解守将、守将身边的亲信、警卫、看守城门的人以及看守官署的人的名字，命令我方情报人员务必刺探了解。必须将刺探我方军情的敌方情报人员探查出来，乘机对其加以收买利用，诱导之后释放，这样反间就能为我所用了。根据反间的情报才能判断，乡间、内间是否可以使用。根据反间的情报才能判断，死间是否可以制造假情报，并将此报告给敌人。根据反间的情报才能判断，生间是否可以按期往返。五种间谍的运用情况，国君都必须了解，要了解这些内容必须立足于反间，所以对反间不可不防着优厚待遇。

从前殷商的兴起，是因为伊尹曾在夏国做过情报人员；周国的兴起，是因为吕尚曾在商国做过情报人员。所以明智的君主和贤能的将领，能任用智慧超群的人当情报人员，必定可以成就伟大的功业。这是用兵的关键，三军都要依靠情报人员提供的情报来部署军事行动。

读解心得

企业如果想做到"知己知彼，百战不殆"，必须重视情报的充分收集和分析，以此为基础，才会有正确的决策。

一个企业如果要想在激烈的竞争中立于不败之地，做到制人而不受制于人，必须重视情报工作，并有意识地建立起一种情报体系。那么该如何实施呢？

第一，有意识地建立起一种能够更加准确地、及时地、动态地掌握企业的内部矛盾机制，随时掌握组织的内部矛盾，并把它控制在合理的范围内。这些内部矛盾包括员工间的团结协作、小帮派、小团体、工作衔接、体制不健全、安全隐患等。合理地去处理这些矛盾，降低企业运营风险。

第二，建立一种对外部信息掌握的机制。掌握的信息数量越多，应对外界变化的把握就越大。首先通过一个统一的机构收集法律法规，定期更新。其次对供应方和同行业竞争对手的变动要及时掌握，这个可以通过多种渠道来实现，然后对这些信息进行集中、分类、识别、分类归档。

第三，从战略和战术两个方面，建立两条信息渠道，不断地收集、校正信息，供高层决策者参考。防止个别部门的信息和业务进行垄断，也避免因人员变动产生重新收集信息或信息缺失的影响。

■ 商例活用

掌握大量有用信息，才能成功决策

孙子说："故明君贤将所以动而胜人，成功出于众者，先知也。先知者，不可取于鬼神，不可象于事，不可验于度，必取于人，知敌之情者也。"

在这里，孙子提出了决定战争胜负的一个重要条件：先知。战争开始前，一定要对敌情有所了解。同时，孙子提出"先知"的三个要求：不可取于鬼神，不可像于事，不可验于度。如果一个将帅把占卜和算卦作为预知胜负的方法，那

么就是愚蠢的表现。星象虽有一定道理，但却不能作为判断敌情的依据，否则就有可能一败涂地。情报必取于人，人力情报仍有其不可替代的地位。

技术的发展并不能完全排斥人力情报的空间，也不能代替人力情报及其作用。正如孙子所说，要真正实现"先知"，则"必取于人，知敌之情者"，除此之外别无捷径。

一方面，不论技术手段多么先进，其发明者和使用者毕竟是人，反映着某种特定的情报理念。如果缺乏情报意识，没有高人一等的情报理念，在波谲云诡的情报战中，再先进的技术所获取的也只能是杂乱无章的信息，难以称其为"情报"，更难以将技术手段的优势转化为情报优势。

另一方面，在激烈的情报对抗中，人力情报具有不可替代的作用，能够完成技术手段所不能完成的使命。比如关于敌方战略意图的情报，纯粹依赖技术手段是难以获取的。

情报信息是决策成功的基本依据和重要基础。现代管理学认为，管理的关键是决策，决策的依据是预测，而预测的依据是信息。在市场竞争这种对抗性较强的社会经济活动中，不管是决策方案的提出，还是决策方案的选择，都必须建立在对顾客需求、市场前景及能源、原材料供应等信息的大量占有和正确分析的基础上。决策的质量在很大程度上取决于信息的质量。有的管理者指出，优良决策的秘诀是90%的信息加10%的正确判断。如果信息不全、不准，只凭主观臆想进行盲目的决策，势必导致失误，造成损失。信息的质量越好，由此产生的决策的质量也就越高。

20世纪70年代,日本名古屋维尼公司由于长期亏损,欠下15亿日元的巨债,但仍不肯宣布倒闭,目的是继续向银行骗取贷款。该公司还在账目上作假,试图掩盖其连年亏损的事实。银行接到借贷申请,又检查了该公司的账目,没有发现什么问题,但始终不相信该公司的收支状况。为了查清事实,银行找了一家商业情报公司对其进行调查,但仍也没有调查出什么结果。

后来在该公司总会计师石田镕身上找到了突破口。石田镕因牙疼发作,正四处寻找牙医,情报人员就假扮成一名牙医,并亲自上门为其医治,并乘机在其牙根里装了一台微型窃听器。靠着每天对石田镕一举一动的监听,情报人员很快就掌握了名古屋维尼公司实际的经营情况。

银行在得到情报后,马上拒绝了名古屋维尼公司的贷款申请,还停止了以前的贷款。名古屋维尼公司无奈之下不得不宣布破产。

在企业管理中,"情报"就是信息。信息是企业得以立业、创业、拓业的重要支柱,是企业管理者制定发展方向、发展目标和发展计划的根本依据。信息是企业管理决策之本,有了快速的信息交流,企业才能在激烈的市场竞争中稳保不败,才能永立经济发展的潮头。所以,企业管理者必须十分重视对信息资源的管理。

坤福之道

> 对于企业管理者而言,要想成功决策,就需要掌握大量对决策有用的信息。从某种意义上说,决策者能否做出正确决策取决于其占有的信息量的多少。

加强防范,严实保密体现在每个细节上

孙子军事理论的主要基石就是"知己知彼,百战不殆"。相对而言,"知己"是比较容易做到的,难就难在"知彼"。而用间正是实现"知彼"最重要、最可靠的途径。

两军对峙,动辄数年,国家和人民的人力、物力和财力消耗巨大。如果不通用间,确定而深入地了解敌情,从内部分化瓦解敌人,以克敌制胜,岂不是对国家太缺乏责任感,对人民太缺乏仁爱之心了吗?

孙子能把"用间"的意义提到这样的高度来认识,的确难能可贵。

商战中的用间与反间,都充分利用了公众的某个心理,或以利诱惑,或打着情义的旗号,却干着偷窃的勾当。

★★★★★

翻开世界巧克力食品工业的历史,你就会看到,巧克力食品工业的发展史就是一个用间与反间的商战史。

巧克力糖几乎人人爱吃。据说,著名的法国皇帝拿破仑也对巧克力推崇备至。每次出征,他总要随从的副官带上大包的巧克力,遇到身体疲乏或者

用脑过度时，就往嘴里塞上几块。

制造巧克力的主要原料来自可可树。这种树在中美洲和墨西哥南部最多。将可可树的种子晒干、去皮、磨成粉，便取得了制造巧克力的原料。古时玛雅人把可可树称为生命之树，每出生一个孩子，他们便要栽种一棵可可树，以此祝福新生婴儿健康成长。他们认为，可可树果象征着人心，用它制成的食品是血液，能给人以旺盛的精力。

墨西哥人很早就掌握了制作巧克力的技术。印第安人最早吃的巧克力是用可可粉加上玉米、辣椒等制成的一种糊状食物，带苦涩味，后来才加进糖和香草等调味料。14世纪时，巧克力只是由墨西哥独自拥有和经营，直属国家监管。

1519年，西班牙骑士列戈以周游列国为名来到墨西哥。好客的墨西哥人见他风度翩翩，态度友好，就破例答应了他的要求，让他参观了巧克力的生产过程。墨西哥人怎么也不会想到，这个道貌岸然的"贵客"原来一直觊觎墨西哥巧克力生产技术。他在窃取了巧克力的生产技术后，便偷偷溜回了西班牙国内。从此，巧克力的生产就在西班牙开始了，并很快成了西班牙新兴的食品工业。许多西班牙人因生产巧克力而发了财，这引起了欧洲其他国家商人们的垂涎，他们纷纷前往，想在西班牙"取经"。无奈，西班牙人对巧克力生产的技术始终守口如瓶。

1606年，意大利人用重金买通关节，窃取了

西班牙巧克力的生产秘方,一举打破了西班牙对巧克力生产的垄断。英国的生产商也不甘示弱,急起仿效,于1763年偷到生产配方,并大胆加以改进,生产出了奶油巧克力。1800年,瑞士又如法炮制,窃取到巧克力的生产技术,使自己变成了世界闻名的"巧克力王国"。同时,德国的厂商也偷到了巧克力的生产技术,并把巧克力制成糖出售,和瑞士等国展开了竞争。由巧克力引起的这场贸易战断断续续连绵上百年,直到现在仍没有休止。

1981年,瑞士向世界上100多个国家出售巧克力28万吨,成为世界上最大的巧克力出口国。为了保持巧克力生产和销售的霸主地位,瑞士吸取了前人的教训,以法律的形式明文规定,凡出卖经济情报(包括巧克力生产的技术)就是泄露国家绝对机密,要以叛国罪论处。但是,尽管法律规定森严,由于金钱的诱惑,出卖情报的还是大有人在。20世纪80年代初,苏联想窃取瑞士的巧克力生产技术。

1982年,瑞士警方通过长期调查,终于在一家咖啡馆里设下埋伏,一举逮捕了一伙窃取巧克力生产机密的团伙。

★★★★★

《孙子兵法》流传迄今已两千多年。当今世界,科技飞速发展,竞争日益激烈,用"间"的手段更为丰富,其表现也更趋多样。巧妙使用"间",能够使得企业发展更进一步,但也要懂得机智"反间"。

在商业情报的获取与保守斗争中,可谓"道高一尺,魔高一丈"。保守机密需要高度的警觉和敏感的机智,在每个细节上都要把关,确保万无一失。